马克思主义简明读本

周恩来的奉献

丛书主编：韩喜平

本书著者：周　丽

编　委　会：韩喜平　邵彦敏　吴宏政
　　　　　　王为全　罗克全　张中国
　　　　　　王　颖　石　英　里光年

吉林出版集团股份有限公司

图书在版编目（CIP）数据

周恩来的奉献 / 周丽著. -- 长春：吉林出版集团股份有限公司，2014.4（2019.2重印）
（马克思主义简明读本）

ISBN 978-7-5534-4237-2

Ⅰ.①周… Ⅱ.①周… Ⅲ.①周恩来（1898~1976）—生平事迹 Ⅳ.①K827=7

中国版本图书馆CIP数据核字（2014）第059778号

周恩来的奉献
ZHOU ENLAI DE FENGXIAN

丛书主编：	韩喜平
本书著者：	周 丽
项目策划：	周海英　耿　宏
项目负责：	周海英　耿　宏　宫志伟
责任编辑：	陈　曲
出　　版：	吉林出版集团股份有限公司
发　　行：	吉林出版集团社科图书有限公司
电　　话：	0431-86012746
印　　刷：	北京一鑫印务有限责任公司
开　　本：	710mm×960mm　1/16
字　　数：	100千字
印　　张：	12
版　　次：	2014年4月第1版
印　　次：	2019年2月第3次印刷
书　　号：	ISBN 978-7-5534-4237-2
定　　价：	29.70元

如发现印装质量问题，影响阅读，请与出版方联系调换。0431-86012746

序　言

习近平总书记指出，青年最富有朝气、最富有梦想，青年兴则国家兴，青年强则国家强。青年是民族的未来，"中国梦"是我们的，更是青年一代的，实现中华民族伟大复兴的"中国梦"需要依靠广大青年的不断努力。

要提高青年人的理论素养。理论是科学化、系统化、观念化的复杂知识体系，也是认识问题、分析问题、解决问题的思想方法和工作方法。青年正处于世界观、方法论形成的关键时期，特别是在知识爆炸、文化快餐消费盛行的今天，如果能够静下心来学习一点理论知识，对于提高他们分析问题、辨别是非的能力有着很大的帮助。

要提高青年人的政治理论素养。青年是祖国的未来，是社会主义的建设者和接班人。党的十八大报告指出，回首近代以来中国波澜壮阔的历史，展望中华民族充满希望的未来，我们得出一个坚定的结论——实现中华民族伟大复兴，必须坚定不移地走中国特色社会主义道路。要建立青年人对中国特色社会主义的道路自信、理论自信、制度自信，就必须要对他们进行马克思主义理论教育，特别是中国特色社会主义理论体系教育。

要提高青年人的创新能力。创新是推动民族进步和社会发展的不竭动力，培养青年人的创新能力是全社会的重要职责。但创新从来都是继承与发展的统一，它需要知识的积淀，需要理论素养的提升。马克思主义理论是人类社会最为重大的理论创新，系统地学习马克思主义理论有助于青年人创新能力的提升。

要培养青年人的远大志向。"一个民族只有拥有那些关注天空的人，这个民族才有希望。如果一个民族只是关心眼下脚下的事情，这个民族是没有未来的。"马克思主义是关注人类自由与解放的理论，是胸怀世界、关注人类的理论，青年人志存高远，奋发有为，应该学会用马克思主义理论武装自己，胸怀世界，关注人类。

正是基于以上几点考虑，我们编写了这套《马克思主义简明读本》系列丛书，以便更全面地展示马克思主义理论基础知识。希望青年朋友们通过学习，能够切实收到成效。

韩喜平

2013年8月

目　　录

引　言 / 001

第一章　童年与学生时代 / 004

第一节　出身没落的封建仕宦之家 / 004

第二节　周恩来的早期受教育经历 / 012

第二章　积极投身革命 / 030

第一节　主编《天津学生联合会报》/ 032

第二节　创建觉悟社 / 035

第三节　旅欧岁月 / 037

第三章　对民主革命的重大贡献 / 044

第一节　在黄埔军校 / 044

第二节　领导八一南昌起义 / 059

第三节　领导国统区秘密隐蔽战线工作 / 066

第四节　在中央革命根据地 / 074

第五节　在遵义会议上支持毛泽东 / 080

第六节　在西安事变前后 / 084

第七节　在抗日战争和解放战争中 / 096

第四章　对新中国社会主义建设的卓越贡献 / 100

第一节　建国初期领导国民经济的恢复 / 100

第二节　领导编制第一个五年计划 / 112

第三节　开创新中国外交工作的新局面 / 124

第四节　领导新中国的尖端科技事业 / 160

第五章　在"文革"中的特殊贡献 / 172

第一节　在"文革"中的独特贡献 / 173

第二节　做出巨大贡献的深层原因 / 182

引　言

　　《周恩来的奉献》这本书是《马克思主义简明读本》系列丛书之一。考虑到它的读者具有大众性这一特点，所以作者在编写过程中力求做到内容生动、真实；语言通俗、朴实。通过阅读这本书，让今天的人们更真切地感受到一代伟人——周恩来的光辉形象。在敬佩、感动的同时，从中学习其高贵的品格。比如勤奋好学、吃苦耐劳、对理想的执著追求与奉献、对工作的高度负责以及处理复杂问题时坚持原则性与灵活性的有机统一等。

　　周恩来是伟大的无产阶级革命家、政治家、军事家、外交家，中国共产党第一代领导集体的核心成员之一。作为党的主要领导人，周恩来把自己的一生都献给了祖国和人民。他为中华民族的独立和解放事业，为社会主义建设事业的发展做出了巨大的贡献。本书在重点阐述周恩来的无私奉献和历史贡献之前，首先用了一定的篇幅介绍了他的童年和学生时代。然后再分别阐述他在民主革命时期对中国革命胜利和在社会主义建设时期对中国现代化建设的重大贡献。

周恩来出身于19世纪末江苏一个没落的封建仕宦之家，国家的贫弱及家庭的衰落使童年的周恩来饱受生活的艰辛，但同时也培养了他坚韧的性格及灵活高超的办事才能。幼年的他得到了三位母亲慈爱与精心的教育，他从她们身上学到了很多优秀的品格。日后，他把母亲们给予他的爱全部回馈给了人民。学生时代的周恩来勤奋好学，博览全书，才能出众，胸怀报国之志。13岁时，他就认识到要为中华之崛起而读书。进入青年时代，周恩来积极探寻救国真理，选择了信仰马克思主义。他是最早加入中国共产党的代表之一，之后，周恩来积极投身中国的独立与民主解放事业。在黄埔军校，周恩来首创军队的政治工作制度；领导八一南昌起义，最先举起了武装反抗国民党反动派的大旗，他是人民军队建设的奠基人之一。无论是直接交锋的战场，还是秘密的隐蔽战线，周恩来始终处变不惊，沉着机智。1931年12月，周恩来来到中央苏区。在这里，他有力地抵制了党内的"左"倾错误路线，与朱德一起指挥并取得了第四次反围剿的军事胜利。长征途中，在遵义会议上，周恩来全力支持毛泽东，使中国共产党和中国革命从此走上了正确的道路。在统一战线工作方面，周恩来具有高超的处理复杂问题的协调能力。为实现第二次国共合作，共赴国难，抗击日本侵略，周恩来代表中国共产党与国民党进行了多次谈判，谈判中他坚定的原则性以及对谈判技巧的灵活运用，为他日后成为共和国总理，处理复杂的国务、外交积累了丰富的经验。

1949年新中国成立后，周恩来同志先后担任政务院总理、国务院总理长达26年，他为积极探索符合我国国情的社会主义建设道路，全面组织和实施社会主义各项建设事业，兢兢业业，殚精竭虑，在政治、经济、外交、国防、统战、科技、文化、教育等各领域倾注了大量心血。在本书中，重点节选了周恩来在新中国经济建设、外交事业及国防科技事业方面所做出的重大贡献。

在编写本书时，作者力求把每一个事件的背景、涉及到的人物及产生的后果、影响都介绍得详尽、通俗。尽力把周恩来的伟大感人之处具体化、生动化。

毋庸讳言，由于时间及本人水平所限，对周恩来的贡献介绍得仍不全面，从内容到语言都有很多需要提高之处。希望得到广大读者的批评、指正。

第一章 童年与学生时代

第一节 出身没落的封建仕宦之家

1898年3月5日,周恩来诞生在江苏省淮安城内一个没落的封建官僚大家庭中,祖籍浙江绍兴。周恩来出生时,给整个周家都带来了无限的喜悦,因为他是父亲兄弟四人后代中的第一个男孩,是家中的长孙、长子。父母心中更是充满了对儿子的宠爱,他们给儿子取名"大鸾"。"鸾"是一种与"凤凰"齐名的神鸟。周恩来的祖父周攀龙从浙江绍兴到江苏山阳(即今淮安市)当了多年的师爷,晚年才谋得一个县知事的官衔。祖父有四个儿子,按照家族同辈排行分别是周贻赓(后来资助周恩来在东北学习);周恩来的生父周贻能;八叔周贻奎以及十一叔周贻淦。

淮安城是一座古老的城市,位于京杭大运河和淮河交汇处，地理位置优越，历来经济繁荣且文化发达，历史上不少杰出人物都出自淮安。比如汉初三杰之一的韩信是淮安人，南宋著名的巾帼英雄梁红玉是淮安人，鸦片战争中抗英英雄关天培也是淮安人。周恩来小的时候经常听长辈给他讲这些英雄的故事，也常去瞻仰后人为纪念这些英雄在淮安城修建的胯下桥、漂母祠、梁红玉祠、关天培祠，并在关天培的塑像前恭恭敬敬地鞠躬。家乡悠久的历史让童年的周恩来就怀有强烈的爱国情怀和民族自豪感。1939年3月，周恩来回绍兴，谈到团结抗战时，还向人们讲起关天培祠内林则徐撰写的那副挽联，勉励大家勿忘关天培的气节，共赴国难。

周恩来出生的年代是19世纪末，此时的中国处在清王朝统治末期，内部腐败无能，外受西方列强的欺凌，在深重的国难面前，人民生活在水深火热之中。在这样的时代背景下，求得民族的独立和人民的解放就很自然地成为周恩来那一代人后来毅然决然地走上革命道路、献身中国革命的最主要原因。当时，不仅整个国家面临被灭亡的境地，而且周恩来所在的这个封建仕宦之家，到了他父亲这辈也在逐渐破落衰败。所以，童年的周恩来并没有典型的上层社会那种富裕平静的生活，相反，他从小就懂得了生活艰难。但幸运的是，周恩来12岁去东北之前的淮安童年生活，深受身边的亲人，尤其是他三位母亲的厚爱与教育。孩子的成长离不开母亲的培养，伟大的母爱给予了周恩来性格、能力、品格方向深远的影响。这三位母亲即生母万氏、嗣母陈氏、乳母蒋江氏。

一、生母万氏——培养了他办事的协调能力

周恩来的外祖父万青选是江西南昌人，曾任过清河（今淮阴）、盐城等地知县。他的生母是外祖父的第12个女儿，小名冬儿，大家都叫她十二姑。周恩来的母亲万氏长相俊美，虽然文化水平不高，但聪慧、开朗，外祖父生前最喜爱这个女儿，经常带着她出入官宦门第之家，经历过比较大的场面，使她从小就见多识广，这培养了她精明能干、处事果断的能力。周恩来的伯父周贻赓在东北任职，生父周贻能忠厚老实，只在外省担任一个很不重要的小职位，常年漂泊在外，月收入不足三十元，仅能维持自己生计，而其他两个叔叔身体又不好。因此，万氏嫁到周家后，就充当了这个败落中的周府的"管家"。万氏主持周府家务，处事干练，考虑问题细密周到。周家缺钱少粮时，万氏还得维持周家的排场，负责调解大家庭内部的矛盾。每当处理这些家庭纠纷时，万氏常常带着周恩来。万氏处

理复杂家务、排解纠纷的才干给周恩来留下了深刻的印象，这给周恩来以无形的影响，让他日后能灵活处理好复杂的国内国际关系，具备了高超的办事能力。周府家境日渐窘迫，由于操劳过度，1907年在周恩来9岁那年生母万氏病逝了。生母的去世，给童年的周恩来带来了无限的伤感。1945年抗战胜利后，周恩来在重庆时就想到了千里之外的家乡，在重庆送别会上他对记者说道，38年了，他没有回过家，母亲墓前想来已白杨萧萧，而他却痛悔着亲恩未报！这深切地表达了周恩来对生母万氏的无限思念。

二、嗣母陈氏——家庭教育的启蒙者

周恩来的生母万氏不仅精明能干，而且是一位为人善良、识大局、顾大体的女性。当时周恩来的十一叔周贻淦得了肺结核病，在当时不能治愈，十一叔膝下又无子女。为了冲喜消灾，尽管万氏自己当时只有一个儿子，还是遵照公婆的决定，将还不到一岁的恩来过继给十一叔周贻淦和十一婶陈氏。不久，周贻淦去世了，年幼的周恩来由守寡的陈氏抚养。所以，周恩来喊陈氏为"娘"，称去世的十一叔为父亲。周恩来的嗣母陈氏是周恩来文化上的启蒙老师。陈氏出生在苏北宝应县一个书香门第之家。父亲陈源是个秀才，饱读经书，很有学问。陈氏从小在父亲的熏陶下擅长诗文书画，具有一定的文学素养。她性情温和，知书达理。1946年9月，周恩来在接受美国记者李勃曼采访时说起嗣母陈氏，说她是一个受过教育的女子，在他5岁时就常给他讲《天雨花》《再生缘》等故事。嗣母终日守在房中不出门，周恩来好静的性格是从嗣母身上承继过来的；但周恩来的生母是个爽朗的人，因此，他的性格也有生母万氏的这一部分。周恩来过继过来后，不久十一叔便去世，陈氏既未再嫁，也不轻易出门，一心教养嗣子恩来。陈氏把幼年的恩来作为自己唯一的精神寄托和生活希望。在恩来三四岁时，就教他认字、练习书法；嗣母对周恩来的要求很严格，每天黎明时刻，就把他叫起来，亲自在窗前教他吟诵古诗词，给他讲故事。周恩来5岁上私塾后，先后读过《三字经》《千字文》《神童诗》以及《论语》《孟子》《大学》《中庸》《诗经》等凝聚着中华民族传统文化的书籍，虽然不能全读懂，但对他的思维个性和艺术修养却是最早的熏陶。幼年的恩来聪明活泼，并具有惊人的记忆力。为帮助恩来学习，嗣母专门请人给他做了一只盛字块的小柳斗，并与其他同龄的小朋友做益智游戏——就是把古诗一个字一个字写在方块厚纸片上，然后打乱，看谁最先准确地拼好一首完整的诗词。恩来每次总是最先拼好，获得了长辈和同辈的一致赞扬。陈氏还经常给他讲一些历代民族英雄的故事，如《韩信胯下之辱》《岳飞传》等，对周恩来在思想、文化上做了最初的启蒙教育。但不幸的是，就在1908年，距离生母去世仅一年，嗣母陈氏因病去世，年仅30岁。当时，周恩来才10岁。童年周恩来遭受了又一次沉重的打击。

周恩来从不到一岁到陈氏去世这八九年一直跟着这位嗣母生活，他对陈氏的感情很深。抗战胜利后在重庆，周恩来曾深情表达他对嗣母陈氏的感激，感谢母亲把他引上好学的道路。

三、乳母蒋江氏——让他懂得了劳动人民生活的艰苦

周恩来过继给陈氏后，陈氏无奶哺育，就在本城雇了一位20多岁的蒋江氏给幼年的恩来做乳母。蒋江氏出生于淮安古城东门外的一个农民家庭，勤劳而善良，对周恩来性格的形成具有一定的影响，恩来一直称她为"蒋妈妈"。蒋妈妈的丈夫是个裁缝，有时还当轿夫，生有两个小孩，家境贫寒。蒋妈妈在用乳汁哺育恩来成长的过程中，让小恩来感受

到劳动人民的诚实朴素和勤劳善良,也教会了恩来许多从书本上学不到的农家知识。她经常带恩来在宅院的空地上种瓜种菜,还不时带恩来到自己家里去玩。这样,就使他得到一些劳动锻炼,并使他有机会接触到一些穷苦人家的孩子,与他们建立了亲密真挚的感情,同时也感受到了底层人民生活的状况。周恩来曾说他的奶妈把他带到大运河边她自己的家里,他从她那里了解到劳动人民是如何生活的,乳母教会他大公无私。恩来12岁时,四伯父接他去东北。乳母与他难舍难分,大哭了一场。恩来走后,她日夜思念,后来得知恩来在天津南开学校读书,蒋妈妈竟借路费到天津看望恩来。两人见面,抱头痛哭。当时恩来虽然正忙于学生运动,仍留蒋妈妈在天津住了5天。临行前,恩来还请四伯父替蒋妈妈买了船票,并送她几十元钱。蒋妈妈有斋戒吃素的习惯,恩来还专门给乳母带上一只吃饭用的搪瓷缸和一条毛巾在路上用。几十年后,已经担任国务院总理的周恩来,还曾多次向来到北京的家乡人打听蒋妈妈及其后代的情况。

　　三位母亲对童年周恩来的教育和影响是多方面的,给予了周恩来三种不同的养分,为他日后所走的道路及成就,奠定了良好的基础。周恩来曾在回忆童年生活时说到三位母亲,他的生母慈祥、温柔，但文化不高，可是从她的身上学到了善良和宽容大度的品德；他的嗣母才学出众，教他热爱知识，学会动脑筋；他的乳母把他带到大运河边自己的家里，教会他大公无私，让他了解到劳动人民是如何生活的。当年，母亲们把全部的爱，倾注在周恩来身上；而周恩来日后又把自己的一生献给了人民。

生母、嗣母相继去世后，家里的日子更加艰难。四伯父和生父都在外谋生，八伯常年瘫痪在床。只有八妈和年仅十岁的小恩来一起承担着债台高筑、举步维艰的生活重担。因为是长孙，尽管只有十岁，还是个孩子，却要开始管家，照管家里的柴米油盐，外出应酬。当时家里常常是无米无菜下锅，为了还债，家里能卖的、能当的都倒腾尽了，开口向人借，都没人借了。就这样，亲戚家的红白喜事还得送礼、磕头，这样的事都得小恩来去。他心里的苦啊无处说，就只好给东北的四伯父写信。

童年的周恩来经历了家庭的太多变故与磨难，但同时，这些苦难经历又磨炼了他，让他具备了精明果敢、富于条理的办事能力，为日后管理几亿人口的大国积累了经验。

第二节　周恩来的早期受教育经历

一、在老家淮安接受封建教育

周恩来从三四岁时起就在嗣母陈氏的精心哺育下认字、写字、听故事、背诵古诗词、阅读中国传统文化古典书籍。良好的家庭教育启蒙使他增长了见识，激发了他强烈的求知欲。5岁那年，周恩来进了家塾学习，接受正统的封建教育，他天资聪慧，勤奋好学。1904年，6岁的周恩来随同父母、嗣母及弟弟一起到清河县清江浦，他外祖父万家居住。外祖父家的藏书很多，从诗词歌赋、通鉴野史到古今小说。丰富的藏书像磁石一般吸引着他幼小的心灵，外祖父的书房成了他寻求知识的宝库。起先，生母和嗣母送他到万家的家塾中继续读书，但他嫌教书先生讲得不过瘾，没有外祖父藏书里的东西精彩，便抽时间跑到书房里去如饥似渴地阅读。生母和嗣母知道以后，只好针对他的情况，专门找了一个老师单独教他，并鼓励他读了大量的小说。他对神话故事、历史故事和古典小说，更感兴趣。他读的第一部小说，是淮安人吴承恩写的《西游记》，看不懂的地方，就请嗣母讲解。8岁到10岁，周恩来开始读《西游记》《镜花缘》《水浒传》《红楼梦》《三国演义》《说岳全传》《盛世危言》，等等。历史小说和神话故事对少年周恩来了解历史、感知历史人物以及开阔思路、发挥想象力具有很大帮助，他从中也明白了为探求真理不畏艰辛、正义最终战胜邪恶等道理。

1907年，周恩来的生母万氏去世，之后，他随陈氏母亲来到江苏宝应陈氏娘家住了3个月。在宝应短短的3个月，周恩来结识了表哥陈式周。陈式周是陈氏母亲娘家堂兄的儿子，陈氏是他的姑母。表哥陈式周比周恩来大16岁，他博览群书，有较高的文化素养，是个新派青年，他读过诸如赫胥黎的《天演论》、达尔文的《物种进化论》、资产阶级启蒙思想家卢梭的《民约论》以及维新派康有为、梁启超等人的著作，深受资产阶级启蒙思想的影响。他经常给周恩来辅导功课，也就自然会向年幼的表弟灌输新思想。在这里，周恩来呼吸了新鲜的空气，受到了进步思想的熏陶，这给年仅9岁的小恩来留下了深刻的印象。同时，周恩来以他的聪颖、沉稳、好学，也赢得了陈式周的喜爱与欣赏，从此两人结下了深厚的情谊。后来，陈式周担任上海《新闻报》编辑，正在天津南开读书的周恩来便与他取得了联系。这期间，周恩来和他的同学所写的宣传爱国的文章多由表哥陈式周联系，转送有关报刊发表。1920年10月，周恩来赴法国勤工俭学前夕，曾到陈式周家，两人彻夜长谈。陈式周非常支持周恩来赴海外求学，寻求救国救民的道路，并慷慨解囊，赠送给表弟一笔数目可观的路费。第二天清晨，陈式周将周恩来送上法国邮轮"波尔多斯"号。周恩来旅法期间，与陈式周书信往来不断。在致陈式周的书信中，周恩来明确提出了"中国革命要走俄国革命道路"的杰出思想，得到陈式周的赞许。这些不仅体现了周恩来对陈式周的深厚感情和信任，也表明了两人心灵相通，都在孜孜思索和探求国家、民族的前途命运。在宝应的3个月，使年幼的周恩来有幸结识对他思想产生重要影响的表哥陈式周，后由于嗣母陈氏又病去，周恩来只得回淮安城周家。周家此时已债台高筑，没有私塾了，他便到离家不远的表舅龚荫荪家私塾借读两年，直到12岁到东北读书。

表舅龚荫荪是周恩来嗣母陈氏的姨家表哥。陈氏在世时经常带小恩来去表舅家串亲，他们都很喜欢小恩来的聪慧、勤奋、好学。所以，当周家发生变故，小恩来无学可上时，表舅叫他来自己家私塾读书。于是，周恩来早出晚归，开始了在龚家私塾的学习。龚荫荪是一个革新派人物,他先是信奉康有为、梁启超维新派的改良主义思想,后来成了孙中山先生的信徒。他到过日本,结识了一些中国同盟会的成员,他还变卖家产,支援革命派人物的活动,经常奔走于上海、苏州、南京等城市。在家里他带头剪辫子,不信鬼神,不许女儿缠足等。在龚家,表舅经常给周恩来讲一些社会政治问题以及太平天国和鸦片战争的故事。周恩来渐渐明白了一些事情:人的穷富之分、贵贱之别根本不是天命,而是由社会制度造成的。帝国主义侵略中国,压迫中国,也主要是由于清朝政府的腐败无能造成的。龚荫荪的言传身教对年少的周恩来爱国心的产生起到了潜移默化的作用。正如1952年秋在上海会见表姐龚志如即龚荫荪的女儿时,周恩来说表舅可算是他政治上的启蒙老师,可见龚荫荪对他人生的影响之大。

二、到东北读书

在表舅家的私塾读了两年书。后来,龚荫荪离开淮安,全家搬到淮阴县,周恩来又一次失学。好在1910年春天,四伯父周贻赓托人带他从家乡来到了东北读书,这一年,周恩来12岁。四伯父当时在奉天(今辽宁省沈阳市)度支司(相当于财政局）俸饷科已升任科员，有一定的收入。并且伯父膝下无子女，周恩来在家时有什么难事常写信同四伯父商量。四伯父很喜欢这个侄儿，更同情周恩来的处境，于是写信要他到东北去，跟随自己生活。这次离家是周恩来生活道路上的一次重要转折。1946年，周恩来和美国记者李勃曼谈到他在东北三年的转变时说道，12岁的那年，他离家去东北，这是他生活和思想转变的关键。没有这一次的离家，他的一生一定也是无所成就，和留在家里的兄弟长辈一样，走向悲剧的下场。从受封建教育转到受西方教育，从封建家庭私塾教育转到学校接受教育，人生道路上能有这个转折，得益于四伯父周贻赓的关怀。到东北后，周恩来先在银州（今辽宁省铁岭市）的银岗书院学习，6个月后，到奉天四伯父那里，就读于奉天东关模范学校。东关模范学校是清末新政"废科举，兴学校"的潮流中刚刚开办的比较新式的学校，学校开设了修身、国文、算术、历史、地理、格致、英文、图画、唱歌、体操等十门课程。周恩来从偏僻的小城镇来到大城市，从过去的封建家塾进入当时的新式学校，接触到许多新东西，开阔了视野，心情非常高兴，学习的劲头也足。他热烈追求新思想，认真掌握新知识，还千方百计地抓紧时间阅读大量的书报和进步读物。当时正值清王朝土崩瓦解，面临覆灭，中国东北备受日俄争夺，周恩来在沈阳南郊沙河南岸的魏家楼子，亲眼目睹了1904年至1905年日俄战争的遗迹，这场战争是日俄两个帝国主义国家为争夺中国东北而在中国领土上爆发的一场帝国主义战争，当时，腐败无能的清政府竟然宣布"局外中立"，并划辽河以东为双方的交战区。少年周恩来在看到自己国土被列强践踏，老百姓被洋人欺凌的场景时，心灵受到很大的震动，他在老师的影响下坚持读书看报，及时了解国家大事，开始思索救国救民反清革命的问题。1911年辛亥革命爆发后，周恩来带头剪去辫子，具有浓厚民主主义思想的《民报》、《国闻报》、《国粹学报》、《东方杂志》是他经常阅读的刊物。虽然进步刊物的思想侧重各有不同，但朴素爱国的道理是一脉相承的。周恩来对学习的刻苦钻研，对社会问题的关注和敏感，认识事物和分析问题的能力都超出一般，这给老师和同学留下了深刻的印象。所以，周恩来能够把学习和拯救祖国紧密地联系在一起。有一次，兼教修身课的魏校长问同学们："请问诸生为什么读书？"同学们踊跃回答，有的说："为做官而读书。"也有的说："为挣钱而读书。""为明理而读书"……周恩来一直静静地坐在那里，没有抢着发言。魏校长注意到了，打手势让大家静下来，点名让他回答。周恩来站了起来,清晰而坚定地回答:"为中华之崛起而读书!"魏校长听了为之一振!他怎么也没想到,一个十二三岁的孩子,竟有如此的抱负和胸怀!他睁大眼睛又追问了一句:"你再说一遍,为什么而读书?""为中华之崛起而读书!"周恩来铿锵有力的话语博得了魏校长的喝彩:"好啊!为中华之崛起!有志者当效周生啊!"是的,少年周恩来在那时就已经认识到,中国人要想不受帝国主义的欺凌,就要振兴中华。读书,就要以此为目标。

在东北读书这三年,周恩来还遇到了一位对他树立爱国思想产生重大影响的良师——高先生。高先生是东关模范学校的一名教史地的老师,他学识渊博而又富有正义感,常常在课堂上宣传反清革命,慷慨激昂地向他们讲述孙中山、黄兴、陈天华、秋瑾等革命党人的事迹和黄花岗72烈士英勇牺牲的悲壮史实。高先生是一位民族主义思想进步的知识分子,在他的帮助和指导下,周恩来读了邹容的《革命军》、陈天华的《警世钟》、《猛回头》、章太炎的《驳康有为论革命书》等宣传资产阶级民主主义思想的进步书刊。他了解了民族危机、清朝腐败和人民的苦难,懂得了反清革命和一些资产阶级革命家英勇奋斗,流血牺牲的道理。就这样,周恩来在高先生的教导和影响下，立志于读书报国，挽救中华危亡的信念更加坚定了。后来，周恩来以极大的热忱，积极参加反帝反封建、提倡新思想新文化的宣传活动。这些都与高先生的影响有直接关系。高先生一直是周恩来敬重并感激的一位恩师。在延安时期，当外国记者询问周恩来是怎样走上革命道路的，周恩来说少年时代在沈阳读书时，得山东高盘之先生教诲与鼓励，对他是个很大的促进。新中国成立后，周恩来在百忙之中仍挤时间会见老师的家人，并亲切慰问。

三、在南开读中学

1913年2月，由于四伯父周贻赓工作调动，15岁的周恩来随伯父一起从奉天搬到天津。天津市是华北的商业重镇，地理位置重要，自从1860年被辟为通商口岸后，西方列强多国在此设立租界。近代的工业、教育、思想及大城市的社会生活在这个城市完全体现。所以，接下来在天津南开学校的四年中学生活呈现给周恩来的是有别于东北的全新的景象。1913年8月，周恩来考取天津南开学校。这是一所仿照欧美近代教育制度开办的国内闻名的私立学校，由严修（字范孙）创办。严修在清朝时做过翰林和学部侍郎，思想比较开明。校长张伯苓主张教育救国，曾到日本、欧美考察。南开学校的办学理念严谨、求实且自由、富有朝气。周恩来在南开学校上学，第一年学习和生活费用靠伯父支持。第二年，由于他品学兼优，经教师推荐，学校免除了他的学杂费，他成为当时南开学校很少的免费学生之一。但生活费用除了自己为学校刻蜡纸、油印或抄写讲义换取一些补贴外仍依靠伯父。所以，辽宁3年，天津4年，周恩来对伯父的感情日深，对伯父的这份养育之恩始终铭记在心。

从这时起，整整四年周恩来一直在南开学校学习。学校对学生的学习、生活各方面要求都十分严格。南开学校的学制是4年，相当于中等学校。主科有国文、英文、数学（包括代数、几何、三角）三门，每年都有。学校教学很重视英文，英文课每周都有10小时，从二年级起，除国文和中国史地外，各科都用英文课本。为了提高学生英语会话的能力，还请了美国老师来教课。三年级起，就要求学生阅读英文原著小说。次科有物理、化学、中国史地、西洋史地、生物、法制、体操等。学校还到日本购买了大批实验设备，让学生自己动手去做，各门课程每月考试一次，期末有大考，留级和淘汰的都不少。能坚持到毕业并不是一件容易的事情。这样的课程设置和要求在民国初年的学校中是属于非常领先的。全校在每星期三下午有一次"修身"课，由张伯苓和其他教师讲国内外大事和做人做事之道，有时也请校外的名流学者来校讲演。学校的纪律十分严格，学生外表必须整洁，举止必须有礼貌。

周恩来学习十分刻苦且成绩优异。一开始他英文基础不太好，学习起来感到吃力。为了尽快改变这一现状，他每天早早起来，到学校的操场和小花园里练习发音，他是随身带着单词本，一有空就拿出来背单词，经过勤学苦练，他的英文进步很快，进入二年级时，英文就相当好了。周恩来的国文和数学的成绩尤为突出。南开学校对国文十分重视，每两个星期就要求写一次作文。由于良好的家庭教育启蒙，再加上从小就酷爱读书，文思敏捷，周恩来有着比同龄人更深厚的国学基础。所以每次写作文，他都不用打草稿，提笔直书，一气呵成。1916年5月，学校里组织了一次不分年级的作文比赛。那时全校已有学生800多人，各个班级都推举出作文优秀的代表参加。卷子上的名字是密封的，由教师集体评阅，且严老先生亲自参加阅卷并选拔。周恩来选的作文题是《诚能动物论》，最后，他被南开学校创办人严修亲自选定为全校第一名。周恩来所在班得了班级第一名，奖品是一面绣着严修手书"含英咀华"四个字的锦旗。天津市各中等学校每年举行一次校际演说比赛。1914年和1915年，周恩来都被推为学校的三名代表之一，连续两次南开学校都取得第一名。周恩来的数学成绩也很好，心算比一般同学的笔算还快。《校风》上曾记载道：他是笔算速赛四十八名最优者之一，代数得满分。除了课本知识的学习，周恩来在课外还阅读了许多书，尤其爱读《史记》，还有清初进步思想家顾炎武、王夫之等的著作，也有西方启蒙思想家卢梭的《民约论》、孟德斯鸠的《法意》、赫胥黎的《天演论》等。因此，他的知识面比较宽，视野和思路也比较广阔。

南开的校风严谨且自由，富有朝气。学校不单单对学生的学习、言行有严格的要求，而且积极提倡学生开展课外活动，通过学校出资，让学生组织社团、学术研究会等来锻炼学生的各方面能力。周恩来对这些课外活动总是积极参加。入学第二年，他和同班同学张瑞峰（蓬仙）、常策欧（醒亚）三人发起组织"敬业乐群会"。他还主持出版会刊《敬业》；在《校风》《敬业》校内杂志上多次发表文章；在新剧团里，除负责布景外，还在《一元钱》新剧中扮演女主角。周恩来凭借他的聪明才干热心组织并参与社会公益活动，不仅锻炼和提高了他的组织能力，而且博得了同学们的信任，更得到了严修老先生和校长张伯苓先生的赏识，他们都一致认为周恩来是南开最好的学生。后来，1919年9月南开大学成立，张伯苓准予周恩来免试进入文科学习。1920年1月29日，周恩来因领导学生请愿反对北洋军阀政府的卖国行径，而遭警方非法拘捕，过了半年监狱生活。当时，张伯苓迫于政府压力，不得已开除周恩来的南开学籍。但是，严老先生对周恩来充满厚望，在南开特设立了以自己名字命名的"范孙奖学金"共七千银元，提出选派周恩来、李福景两个人出国深造，校长张伯苓也非常赞成。对此，周恩来对两位师长充满感激之情。1962年在北京，周恩来还深情地提到"范孙奖学金"的事。1951年2月23日，张伯苓在天津逝世，周恩来一听到消息就马上赶到天津吊唁。周恩来给张校长以很高的评价：他的一生是进步的、爱国的，他办教育是有成绩的，有功于人民的。

周恩来为人谦虚，待人诚恳，重情义。所以他给所有与他结识的人留下了深刻的印象，建立了经久不衰的友情。这一高贵的品格，周恩来在学生时代就表现出来了。在南开，他广交朋友，在各种活动中都是活跃分子，但他从不骄傲，从来不锋芒毕露，盛气凌人。相反，总是尊重别人，待人谦和。1917年周恩来在南开学校毕业时，《同学录》中这样评价他：说他性格温和、诚实，最富于感情，重情义，凡是朋友或公共利益的事，他都竭尽全力去做。南开学校的教育理念及培养对周恩来日后的人生发展产生了重要的影响。在天津这几年，周恩来的学识、思想都日渐成长。1917年2月26日，周恩来以优异的成绩在南开学校毕业。当时，虽然成立了中华民国，但有名无实，北洋军阀篡夺了革命成果，投靠了帝国主义，镇压国内革命，整个中国处于极端黑暗和民族危机加深的境况。看到这些，周恩来忧国忧民的心情更加炽热了。为了寻求救国道路，寻找解除人民痛苦的途径和方法，他毅然决定东渡日本。

四、东渡日本

四年的南开学习生活结束了，周恩来本希望能够继续求学，但他的家境贫寒，家中难以给他更多的支持。那时，中日两国之间有一个由日本政府指定学校为中国代培留学生的协定。协定中规定：中国学生凡能考取指定的日本大专学校之一的，可以享受官费待遇，直到学成返国为止。如能得到这个待遇，他在日本求学的费用问题就解决了。日本是中国的近邻，过去也蒙受过西方列强的欺凌，19世纪60年代日本向西方学习，明治维新后却一天天强盛起来。中日之间相距很近，路费也比较省，周恩来很想去看看他们为什么能富强起来，从中思考中国今后该走什么路。所以他在老师和朋友的资助下，去日本求学。

到日本后，周恩来主要补习日文，来应对日本大专学校入学考试。但他又不想一味地单纯读书，他多方接触日本的社会实际，经过实地观察，他很快看到日本也是推行军国主义的国家。那么，中国真正的出路在哪里呢？同当时中国绝大多数先进分子一样，周恩来也处于苦闷与彷徨之中。这时，新文化运动的倡导者陈独秀在1915年主编的《新青年》对周恩来产生了巨大的影响。当他在南开学校求学的后两年，《新青年》早已出版，那时即便从书铺里买来看过，也没有引起他的兴趣和重视。到了这时，他在极端苦闷中把《新青年》第三卷重新找出来，又读了一遍。其中宣传的新思想强烈地吸引了他，使他顿时感到眼前变得豁然开朗。这以后几个星期，他集中精力投入东京高等师范的入学考试。考试是在3月4日至3月6日进行的，考日语、数学、地理、历史、英语、物理、化学、博物8科，还进行了口试，结果没有被录取。这对他自然是个不小的打击。但他精神上并没有沮丧。考试结束后，他准备全力以赴地投入下一次考试。但是，一场突发的爱国运动改变了周恩来在日本的全部生活。大约从1918年4月初开始，陆续传出消息说：日本政府准备同北洋军阀段祺瑞政府秘密签订《中日共同防敌军事协定》，共同出兵西伯利亚以镇压俄国革命。这个消息给了留日学生很大的震动。周恩来立刻注意到这件事。5月初，消息越传越紧了。在日中国留学生反应强烈，集会抗议，并遭到日本警方镇压。5月16日，段祺瑞北京中央政府不顾人民的反对，悍然同日本政府秘密签订这个协定，这使留日学生更加愤慨。许多留日学生罢学归国，李达、李汉俊（后来成为中国共产党早期的创建人）等就是在这个运动的高潮中离日归国的。他们回国后，分别在上海和北京成为重要的马克思主义宣传者。

这个巨大的波澜，一下子冲破并改变了周恩来原来的生活状况。周恩来有着强烈的爱国心。民族危亡的严酷现实使他的满腔热血沸腾起来，无法再沉下心来埋头准备考试。5月期间，他的日记内容几乎全部是记载这次留日学生爱国运动的情况。他参加各种集会，散发爱国传单。1918年5月19日，又参加了留日学生中的爱国团体——新中学会。新中学会以在日本的天津南开学校和天津法政学校毕业生为主体，他们在国外求学，亲眼看到日本军国主义者处心积虑要侵略中国，而国内的军阀政客却醉生梦死，只知卖国求荣，不顾人民死活，从而深感民族危机的严重。他们相逢在一起，就谈论国家大事，以求挽救危亡的国家。至于怎么改造中国，他们的答案还是笼统的，大体上还是科学救国、实业救国这些主张。

由于周恩来积极地投入爱国运动，对7月2日至3日的报考第一高等学校顾不上再做多少准备。考试结果，又因日文的成绩不够好，没有被录取。周恩来的心情自然很懊丧。这时正在暑假中。7月28日，他离开东京回国探亲，8月1日，回到天津。他在国内度过了一个多月。其间到北京住了一个星期，去看他的生父。9月4日，重新回到东京。

在他归国的这段时间内，日本发生了席卷全国的米骚动。这次骚动的直接导因，是日本出兵西伯利亚后在国内大量收购军米，造成米价高涨。这个风潮迅速扩及全国，在农村和煤矿工人中也都发生暴动。9月中旬，日本军队开枪镇压矿工，打死13人。57天内，全国有33个县发生暴动。卷入这个事件的人数，将近占日本全国人口的1/4。这场骚动的规模在日本是空前的，对日本社会心理的影响也是异常深刻的。在米骚动中，日本社会结构的内部矛盾暴露得那样尖锐，那样清楚，社会主义思想得到更广泛的传播。

周恩来原来同许多留日学生一样，把日本看作中国学习的榜样，想从中找到救中国的出路。现在，在日本突然发生这样巨大的事变，强烈地吸引了他的注意力，把他的视野扩展到日益尖锐的社会问题上来。既然日本社会的发展道路并不是那样完美无缺，中国在考虑自己的未来前景时，自然也必须对社会问题给予高度的关注。这为他之后进一步理解和接受马克思主义创造了重要的、必不可少的条件。

周恩来初到日本的时间是1917年10月，来日本不久，刚好列宁领导的俄国十月革命（1917年11月7日，俄历10月25日，所以叫十月革命）就爆发了。十月革命是列宁领导本国工农大众在马克思主义的指导下通过暴力革命推翻本国地主资产阶级统治，建立无产阶级专政的社会主义国家的成功例证。这一事件在当时对周恩来也没有产生多大的影响。1918年9月初他重新回到日本，由于亲眼看到米骚动中暴露出来的严重社会问题，使他对社会主义这个问题有了更多的关心。他阅读了两本由日本学者早期宣传马克思主义的两部最重要的著作。那时，马克思、恩格斯的著作还没有一本被完整地译成中文，列宁的作品连一篇译成中文的也没有。对许多不能直接阅读外文的中国人来说，要在那种情况下接触马克思主义是相当困难的。周恩来却有着有利的条件：他已能直接阅读英文和日文的书籍，而日本思想界当时正处在十分活跃的状态中。尽管还不能说周恩来这时已成为马克思主义者，但比起国内的绝大多数知识分子，他能更早地、并且更多地了解一些马克思主义。

周恩来东渡日本，最初对这个国家抱有很高的期望。但在深入了解之后，他对日本的社会越来越失望了。正在这个时候，他的母校南开学校决定创办大学部的消息传来。他就下决心回国学习。留日的时间虽然只有一年多，周恩来思想上却经历了艰难和曲折！一个又一个的救国方案先后提出来，但没有一个能解决中国的问题。和当时许多探求救国救民的爱国青年及知识分子一样，他的内心痛苦、彷徨。正是俄国十月革命的感召以及看到日本社会的现实使他开始关注指导俄国革命取得胜利的马克思主义。俄国十月革命后，马克思主义开始在中国传播。尽管周恩来当时还不能深刻地理解它，但已让他看到了自己国家的新的希望。周恩来就是怀着这种欣慰的心情，在1919年4月由神户乘船离开日本，返回祖国。

第二章　积极投身革命

　　就在周恩来回到国内不久，1919年5月4日，影响中国近代历史的五四运动爆发了。这是一场彻底的、不妥协的群众性的伟大爱国运动，是长期以来中国人民反抗帝国主义侵略和政府妥协卖国行径的总爆发。运动的导火索就是1919年4月巴黎和会中国外交的失败。中国作为参加第一次世界大战的战胜国，本来希望通过这次和会能收回一些权益。可是英、法、美等西方列强却把原19世纪末德国从中国山东攫取的权益转交给日本，卖国的北洋政府竟不顾屈辱训令中国代表在和约上签字。消息传来，中国人民再也无法忍受了，北京三千多学生罢课、游行示威，喊出"拒绝巴黎和会签字""外争国权""内惩国贼"。五四运动迅速影响全国，天津各校学生积极响应，并成立了天津学生联合会和以女校为主体的天津女界爱国同志会。邓颖超当时年仅15岁，担任天津女界爱国同志会的讲演队长，她有非凡的演讲能力和组织能力。她和周恩来在五四运动期间相识，后结为终身伙伴。五四运动同样也影响到了具有强烈爱国之心的周恩来，他积极投身到这场伟大的爱国运动中，并从此改变了他的生活道路。

当时南开大学还没有正式开学，周恩来回到天津后，以一个校友的身份，以极大的热情投身到各种爱国活动中。他写信联络南开校友共同反对学校接受北洋军阀曹汝霖的捐款，并反对让曹汝霖担任校董。在周恩来等人的组织下，南开学校的毕业生们一致议决，如果张伯苓执迷不悟，就全体宣布与南开学校、与校长断绝关系。经过爱国师生的坚决斗争，最后校长张伯苓宣布拒绝了曹汝霖的捐款。6月下旬，马骏、刘清扬等代表赴京时，周恩来也赶到车站送行。在全国舆论的巨大压力下，1919年6月28日，出席巴黎会议的中国代表被迫拒绝了在和约上签字，五四运动取得了重大胜利。7月初，省教育当局召集天津各学校校长开会，决定提前放暑假，推迟开学。这一措施的目的就是要让学生分散，平息学生运动。放假后，学生纷纷离校。不少人看到卖国贼曹、陆、章已被免职，巴黎和会上也已拒绝签字，运动已经进行了两个多月，斗争情绪开始松懈。学联负责人鉴于这种情况，为了将运动坚持下去，鼓励运动中的骨干分子搬到学校居住，集中开展活动。周恩来此时已经住进南开学校。7月7日，在南开学校举行的一次茶话会上，周恩来对斗争的下一步开展提出建议：要审慎，有恒心，有胆量。

第一节　主编《天津学生联合会报》

为了把斗争运动坚持下去并引向深入，1919年6月下旬，天津学联决定创办《天津学生联合会报》。周恩来虽然仍没有入学，但他在南开学校曾先后主办《敬业》和《校风》，他的才能为许多人所熟知。所以，当学联会长谌志笃、马骏邀请他来主办这份报纸时，周恩来欣然答应。他当即表示：《学生联合会报》是非常必要的，要想学生爱国运动能坚持下去，必须注意爱国教育。我之所以回来，就是为了参加救国斗争。同学们既然需要我编辑学生会报，我愿与大家共同努力，负些责任是义不容辞的。

当时创办一份报纸是很不容易的，没有经费、印刷厂和纸张，还要向警察厅立案。在周恩来的精心筹划和组织下，大家克服了一个又一个困难，做好了《天津学生联合会报》的筹备工作。潘世纶在回忆时感慨地谈道：那时参加学联的人很复杂，爱出风头的、锋芒毕露的、争权夺利的有的是。周恩来却不是这样。他不怕麻烦，不辞劳苦，踏踏实实，埋头苦干，当无名英雄。他搞什么活动都专心致志，非常热心，几乎把全部心血都用到工作上。办报纸是个苦差事，编排、撰写、校对、印刷、出售等杂七杂八的事都由他一个人管，往往从深夜赶到清晨，饿了就吃个烧饼、烤山芋，从没有下过小馆吃饭。他写文章又快又好。当大家没有主意时，他会出新主意。所以，许多人尊重他，有事愿找他。

1919年7月21日，《天津学生联合会报》创刊。创刊号上发表了周恩来写的以《革心！革新》为题的发刊词，提出了改造社会、改造思想的号召。马骏看后曾兴奋地说：这篇社论真带劲！这比我们站在几千人面前大喊一阵可有用得多！《天津学生联合会报》设有主张、时评、新思潮、新闻、国民常识、函电、文艺、翻译等八个栏目，以主张和时评为重点。《天津学生联合会报》根据天津爱国运动和全国政治形势的发展，及时地提出斗争口号，引导人们关心和探讨中国社会的改造问题，推动着爱国运动向前发展。

1919年8月初，山东戒严司令、济南镇守使马良悍然宣布全省戒严，残酷镇压爱国运动。消息传到天津，爱国群众人人义愤填膺，学生运动重新高涨起来。8月6日，《天津学生联合会报》发表了周恩来写的《黑暗势力》一文，大声疾呼："国民啊！国民啊！黑暗势力'排山倒海'地来了。"8月23日，刘清扬、郭隆真等10名由天津赴京请愿的代表，和北京代表15人一起被北洋政府出动的军警全数逮捕。消息传到天津，各校代表都异常激动，周恩来却冷静地说："这正是掀起继续加强爱国运动的时机，用不着惊慌紧张，依照计划进行就是了。被捕，只要经得起考验，不算什么！但营救他们是我们的责任。"8月26日，北京、天津学生三四千人，齐集总统府门前请愿示威。8月28日请愿学生遭到军警驱赶毒打，请愿队伍的现场总指挥马骏等人又遭逮捕。周恩来等闻讯即率领天津学生五六百人赶到北京，同北京各界代表一起，连日在总统府外露宿请愿，要求释放被捕代表。在全国人民的声援和舆论的强大压力下，8月30日，北洋政府不得不释放了两次被捕的全部学生代表。

《天津学生联合会报》的影响越来越大，引起了北洋政府的恐惧。这期间，《天津学生联合会报》被政府查禁，被迫停刊，但经过周恩来等人的努力，仅仅半个月后就复刊了。到1920年初终刊，《天津学生联合会报》共出版了一百多期。《天津学生联合会报》的社论和重要文章，大都由周恩来主笔。由于人手少，《天津学生联合会报》从收集新闻到编排校对，从印刷到发行，都由周恩来一人主持。为办好这份报纸，周恩来倾注了大量的心血，付出了超量的劳动。《天津学生联合会报》作为五四运动时期出版的在全国影响较大的革命报刊，对组织、联络京津等地广大学生参加爱国运动，推动全国人民反帝反封建政治斗争的发展，起到了重要的作用。

第二节　创建觉悟社

在成功营救被北洋政府逮捕的学生代表返回天津途中，为了更好地领导爱国运动，周恩来、郭隆真、张若名、谌小岑等开始酝酿成立一个比学联更严密的团体，打破男女团体分别活动的束缚。这便是周恩来回到天津之后成立的觉悟社，它是当时天津学生爱国运动的领导核心。

觉悟社成立后开展的第一项活动，是根据周恩来的建议，请五四运动中著名的马克思主义者、北京大学教授李大钊到社演讲。1919年9月21日，李大钊来到天津，和觉悟社的会员们亲切交谈，指导觉悟社的活动。他对觉悟社打破男女界限的组合和出版刊物等做法非常赞许，并建议大家好好阅读《新青年》和《少年中国》上的进步文章，分类研究各种学术问题。此后觉悟社还邀请了不少专家学者来社演讲。

觉悟社的社员，一般都有这种改造社会的愿望和奋发向上的精神。五四运动不仅是一次群众性的伟大爱国运动，同时也是一次思想解放运动。这期间各种社会思潮比如无政府主义、新村主义、互助主义、基尔特社会主义、伯恩斯坦主义等纷纷传入中国，当然也包括马克思主义，马克思主义开始在中国知识界传播。广大爱国青年和知识分子出于改造国家的需要，他们热情地讨论、研究各种新思潮。在众多的新思潮中什么才是科学的、能够挽救中国的真理，人们并不能一下就认识和分辨清楚。人们对于马克思主义的认识大多还处在比较幼稚的启蒙时期，就是周恩来，虽然在日本时已经比较多地接触过马克思主义，在思想认识上已远远地走在其他人的前面，但他的信仰也没有最后确定下来，还在继续探索的过程中。

1919年9月，周恩来成为南开大学文科的第一届学生，并且继续领导天津学生的爱国运动。1920年1月29日，周恩来、郭隆真等在领导青年学生开展反对中日直接交涉和抑制日货的斗争中，遭军阀政府逮捕，关押至1920年7月17日。被捕后，经过一番斗争，周恩来等人获得了在狱中学习、讨论的权利。

在狱中周恩来分五次向被捕代表们做了介绍马克思主义的讲演。半年时间的铁窗生活，让周恩来重新认真思考了许多问题，对严酷的社会现实有了更清楚的认识。周恩来在后来写的一封讲到自己确立共产主义信仰的信中说："思想是颤动于狱中。"出狱以后，周恩来逐步由一个关心国家命运、积极参加爱国运动的学生领袖，走上了职业革命家的道路。

第三节　旅欧岁月

一、确立马克思主义信仰

五四运动后，各地爱国青年纷纷赴法勤工俭学，以求挽救自己祖国的真理。1919年—1920年，1600多名中国学生来到法国，其中很多人后来成为了中国共产党的领导人，如邓小平、李富春、李立三和陈毅等。周恩来由于领导学生运动被警方拘捕，出狱后，南开大学开除了他的学籍。但南开创办人严修老先生十分器重他，便特设"范孙奖学金"支持并赞助周恩来去欧洲留学。1920年11月7日，周恩来在上海搭乘法国邮船"波尔多斯"号前往欧洲。这是华法教育会组织的第15批赴法学生。12月中旬，邮船经法国南部的著名港口马赛到达巴黎。周恩来本来只准备在巴黎作短暂停留，前往英国读书。但因为生了点小病，到1921年1月5日才来到英国的首都伦敦。这是周恩来第一次来到欧洲，给他最强烈的印象并不是什么高度发达的物质生活，而是欧洲战后各国社会生活的严重动荡和不安。周恩来到英国后，发现英国的生活费用很高，所以，他在英国只呆了5个星期就又回到法国。

在英国的这一个多月里，正赶上英国煤矿工人在举行声势浩大的同盟罢工。罢工爆发的原因就是战后英国发生了经济危机，矿业资本家为转嫁经济损失，采取了降低工人工资和解雇工人等措施，引起了煤矿工人的强烈不满，最终以联合罢工行动来反抗。周恩来对这次罢工运动进行了认真的考察，先后就此事写了9篇通讯，寄给国内天津的《益世报》发表。通讯向国内介绍了英国工人阶级的顽强斗争精神。对英国工人运动的考察与研究，使周恩来认定了俄国十月革命的正确性，也让他能够客观地对一切主义进行推求比较。

周恩来对学习和工作非常认真，一丝不苟。在法国，他先是补习法文，然后如饥似渴地阅读英文版的《共产党宣言》《社会主义从空想到科学的发展》《国家与革命》等马克思主义的经典著作。战后欧洲的思想界异常活跃,除了马克思主义以外,还有无政府主义、法国的工团主义、英国的基尔特主义等各种不同的思潮。周恩来对这种种不同的思潮曾经广泛地涉猎,经过冷静地观察和剖析后,他作出自己一生中最重要的抉择:确立了对马克思主义的信仰。从最初在日本接触马克思主义,到在欧洲最终确立信仰,前后历经了三年多时间,可谓深思熟虑。自此之后,周恩来坚定地、毫无保留地为他信仰的马克思主义奋斗了一生。

五四运动以后,随着马克思主义在中国的传播,中国涌现出一批接受马克思主义的先进知识分子,以李大钊、陈独秀为代表,这两个人就是中国共产党的主要创建人。在传播马克思主义的过程中,他们充分认识到要到工人阶级中去传播。马克思主义理论与中国工人阶级运动的这种初步结合使在中国建立工人阶级政党的任务成为一种客观的要求。1920年4月,列宁领导的第三国际曾派维经斯基到中国,他与李大钊、陈独秀讨论了在中国建党的问题,并开始了建党的准备工作。1920年8月,上海共产主义小组正式成立,参加者有陈独秀、李汉俊、李达等人。10月,李大钊、张国焘等人在北京成立了共产主义小组,李大钊为书记。这之后不久,武汉、长沙、济南、广州等地，也先后成立了共产主义小组。各地共产主义小组成立后，开始有计划、有组织地传播马克思主义，到工人中深入开展宣传和组织工作。

与国内各地建立共产主义小组几乎同时，在法国留学的周恩来也确立了马克思主义的信仰。那时，张申府和刘清扬已在1920年12月27日从国内来到法国。刘清扬是觉悟社成员，张申府是北京共产主义小组的成员，此时两人已结了婚。他们出国时，陈独秀和李大钊委托张申府建立海外的党组织。到法国后，张申府先介绍刘清扬参加。就在这一年（1921年），经张申府、刘清扬介绍，周恩来加入了中国共产党。接着，张申府、刘清扬、周恩来、赵世炎、陈公培一起组成巴黎共产主义小组，巴黎共产主义小组是中国共产党的八个发起组织之一。

二、创建旅欧支部

入党后，周恩来致力于把旅欧学生，特别是勤工俭学学生中的革命力量团结起来，做了大量中国共产主义青年团旅欧支部的筹备和领导工作。当时，在留法勤工俭学的学生中，有不少曾是五四运动中的学生领袖。其中有些人在国内时已受到过马克思主义的影响,到法国后,又自己组织起社团,开展各种活动,维护勤工俭学生的生存权、求学权等合法权益,并形成了两个中心。这些人中很多成为日后中国共产党领导的国内革命斗争中坚强的革命领袖,比如蔡和森、李维汉、李富春、王若飞、蔡畅、李立三、邓小平、刘伯坚等。由于力量分散、单薄,留法学生维护自身权益的斗争陷入困境。在这种情况下,"赶快团结起来"已成为勤工俭学生中先进分子的共同要求。1922年初,周恩来、赵世炎、李维汉等商议成立旅欧青年中的共产主义组织的事。他们议定:分头进行筹备工作。1922年3月,周恩来到德国后,仍经常往来于柏林、巴黎之间,在勤工俭学生中作过多次讲演,积极推动共产主义组织的筹备工作,留法勤工俭学生终于走上了大联合的道路。1922年6月,在巴黎西郊布伦森林中的一块小空场上,旅欧共产主义组织召开了第一次代表会议。确定组织名称为旅欧中国少年共产党,选出中央执行委员会委员三人,赵世炎为书记,周恩来负责宣传,李维汉负责组织。会议还决定出版机关刊物《少年》,由周恩来负责筹办。这一年的11月,周恩来、张申府介绍朱德、孙炳文加入了中国共产党。1923年2月,旅欧中国少年共产党改名为中国共产主义青年团旅欧支部。旅欧支部是旅欧青年中的共产主义组织,它的活动是在中国共产党的领导下进行的。周恩来等人领导的旅欧党、团组织,团结了当时留学法国、德国和比利时的勤工俭学生中的进步青年,培养了许多信仰共产主义的革命战士,为中国革命的胜利做出了巨大的贡献。

三、国共合作的先期实践者

中国共产党成立后,在列宁关于民族殖民地革命理论的指导下,周恩来很快认识到:在半殖民地半封建的中国,首要的任务是推翻帝国主义与封建势力的统治,完成民主革命,而这个艰巨的任务的完成,只靠工人阶级单枪匹马是不行的,应当联合一切爱国的民主的力量共同奋斗。1922年6月,中国共产党发表对于时局的主张,正式提出要同孙中山领导的国民党共同建立一个民主主义的联合战线。同年8月,中共中央在杭州西湖召开特别会议,确定了共产党员可以以个人身份加入国民党,以党内合作的方式实现两党的合作。1923年6月,中国共产党的三大在广州举行,会议决定共产党员、社会主义青年团员可以以个人名义加入国民党,以建立各民主阶级的统一战线。

中共中央关于国共合作的主张很快传到了旅欧党团组织。旅欧期间,周恩来积极开展国共合作,建立国民革命统一战线工作。1923年初,孙中山派王宗歧到法国筹备组织国民党支部,周恩来立刻同他取得了联系。1923年6月16日,周恩来等三人一起到里昂与王宗歧商谈合作问题,双方达成协议:旅欧中国共产主义青年团员全部以个人身份加入国民党。此后不久,国民党总部委任周恩来为国民党巴黎通讯处(后称巴黎分部)筹备员。1923年8月,周恩来在写给将要回国述职的王宗歧的信中,为旅欧国共两党合作提出了切实的意见。11月25日,国民党旅欧支部在法国里昂成立,会议选举王宗歧为执行部部长,周恩来为执行部的总务科主任,李富春为宣传科主任,聂荣臻为巴黎通讯处处长。王宗歧回国期间,由周恩来代理执行部长,主持旅欧国民党组织的工作。在周恩来的积极推动下,国民党在法国、德国、比利时等大城市相继建立了支部。随着1924年1月第一次国共合作正式建立,周恩来在欧洲也完成了国民党改组,建立国民革命统一战线的工作。

此时,在国共合作的形势下,国民革命以广东为根据地蓬勃发展起来,急需大批干部。旅欧中国共青团根据中共中央的指示,决定选送一批干部回国,周恩来也在其中。1924年7月下旬,周恩来与刘伯庄、周子君、罗振声等人从法国乘船归国,转而投身到国内更加艰巨繁重的革命之中!

第三章　对民主革命的重大贡献

第一节　在黄埔军校

一、在军校中建立政治工作制度

1924年9月初周恩来从欧洲回国，抵达广州，负责中共广东区委工作，并兼任黄埔军校政治教官，11月，他除继续担任中共广东区委委员长兼宣传部部长外，又兼任黄埔学校的政治部主任。黄埔军校全称是中国国民党陆军军官学校，1924年5月正式成立。这是一所新式的军事政治学校，因为校址选设在广州市郊的黄埔，故而简称为黄埔军校。孙中山把创建这所军官学校看作建立党军的起点，对它抱有很大希望。他亲自担任这所学校的总理，以蒋介石为校长，国民党左派代表廖仲恺为党代表。

黄埔军校按照苏联红军学校的模式来建设，其显著特点是把军事与政治并重，强调培养学生的革命精神和爱国思想。当时年仅26岁的周恩来一开始在黄埔军校担任政治教官，给第一期学生讲授政治经济学，这是一个全新的且责任重大的工作。他一到任，立刻显示出了他出色的组织和领导才能，根据列宁创建红军的经验，有条不紊而又富于创造性地开始了工作。

首先，周恩来在军队中建立起一套政治工作制度。他在军队中设立了党代表和政治部，并建立起政治部的正常工作秩序和工作制度。

其次，周恩来加强对军校学生的政治教育。身为军校政治部主任，周恩来在授课中突出强调以下几点：（1）军队的性质。我们的军队不是压迫民众的工具，而是为了打倒帝国主义、军阀和贪官污吏，推翻压迫者，解放民众。为了帮助学员掌握这些在当时中国还十分陌生的新概念，他编写了一些教材和一本通俗读物《帝国主义侵略中国简史》，简要介绍了西方列强侵略中国的历史。（2）明确军民关系，军队要救国护民。那时军队有一种新气象，官兵之间和军民之间大体上是团结的，军队中充满了奋勇向前的革命精神。（3）要求军队保持严明的纪律。军校政治部提出：不蛮横无理拉夫役；付价购物，不用军用票；保障人民。

第三，周恩来在军校中发展中共党员。周恩来对掌握革命武装的问题历来十分重视。同时他开始在黄埔军校秘密地尽力培植一支完全由共产党领导的学生军。黄埔军校第一期学生共645人，他们是从全国各地招收来的。其中共产党员和青年团员约五六十人，约占学生总数的十分之一。且军校的党支部由周恩来代表广东区委直接领导。著名的中国工农红军将领徐向前、陈赓、左权、蒋先云、许继慎、王尔琢、周士第等都是黄埔第一期的学生。当时，后来的开国十大元帅聂荣臻担任黄埔军校政治部秘书，陈毅、叶剑英等担任教官。叶剑英和之后的北伐名将叶挺都成了周恩来的亲密朋友和忠实的支持者。在他们的协助下，周恩来开始组织一支由黄埔军校学员组成的中共直接领导下的特别军队，这支队伍后来发展成了红军。

由于周恩来在黄埔军校政治部的出色工作，使得军校的政治教育工作呈现一派全新景象。当时担任黄埔军校政治部指导主任的王逸常回忆说，从那以后，黄埔军校的政治工作蓬蓬勃勃地开展起来了。周恩来同志每日除了用少量时间浏览为他准备的报纸剪辑、工作日记，批阅来往函件外，大量的时间都花在找人谈话和抓工作落实上。他思考事物周密，处理问题敏捷，原则性和灵活性掌握适度。他经办的事没有不水到渠成的。这不仅为即将开始的两次东征和北伐战争的胜利奠定了充分的思想和组织准备，而且也为1927年后中国共产党独立创建人民军队、培养干部、领导武装斗争积累了丰富的经验，所以说周恩来是中国人民军队建设的重要奠基人之一。他那富有创造性而又细致周密的办事才能在国共两党高层内受到广泛的认可和推崇。

二、稳定和统一广东革命根据地

1. 平定商团叛乱

1924年初，国共合作的国民革命统一战线虽宣告成立，但是广东革命政权却极不稳固，首先面临的就是广州商团的敌视与破坏。广州商团起于1912年，当时是民国初年，因为地方混乱，当局允许商人置械并组织武装自卫。在广州有约一万二千人，在全省有近五万人，俨然是一只地方武装集团。它的首领是英国汇丰银行买办、广州商会会长陈廉伯。国共合作后，广东成为革命运动的策源地。西方帝国主义对此非常仇视和恐惧，千方百计地企图破坏。英国首先起来反对广东革命政府。在英帝国主义的指使下，商团正密谋以武力推倒孙中山的政府。1924年8月下旬，他们准备将一万多支枪支、四百多万发子弹私自运入广州。10月10日，几万名广州民众集会、游行，纪念辛亥革命13周年。商团军竟公然袭击游击队伍，打死打伤群众数十人。接着他们肆意封锁市区，张贴"打倒孙政府"，成立"商人政府"的反动文告，还强迫商人罢市，妄图推翻革命政权。这就是广州商团的武装叛乱。孙中山在苏联顾问、中共广东区委和国民党左派的支持下，坚决地镇压了这次叛乱。周恩来参加了平叛临时军事指挥部的工作。中共广东区委组织的工人纠察队和农民自卫队在平叛中发挥了作用，周恩来从平息商团叛乱中认识到，共产党应该迅速建立一支"自己的武装"。这年的11月初周恩来取得孙中山的同意，筹组大元帅府铁甲车队。铁甲车队以徐成章、周士第为正副队长，廖乾吾为党代表，他们三人都是中国共产党党员。这是第一支由中国共产党人直接掌握的武装力量，后来，在这个基础上，周恩来将它组织成为国民革命军第四军独立团，又让刚从苏联回国的叶挺担任团长。

2. 两次东征

平定商团叛乱的斗争取得了胜利，但广东的政治风云异常险恶，广东革命根据地仍然没有统一。孙中山领导的大元帅府所能管辖的地区其实只占广东全省的三分之一，也就是珠江三角洲和粤汉铁路从广州到韶关那一段。富庶的东江流域仍然控制在背叛了孙中山的军阀陈炯明手里。广东的西南部则控制在陈炯明的旧部邓本殷手中。孙中山是依靠杨希闵部滇军和刘震寰部桂军的支持,才把陈炯明逐出广州的。杨、刘两部虽然挂着孙中山的招牌,其实却是不折不扣的军阀部队。他们盘踞广州市区,各自为政地向当地百姓收税,横征暴敛,为非作歹,激起人们极大的愤怒。孙中山曾经沉痛地对他们说:"你们打着我的招牌,却在蹂躏我的家乡。"这是孙中山北上之前冲着广州地方军阀说的话,事实也是这样。所以只有东征和平叛才能统一广东革命根据地。

1925年初,军阀陈炯明盘踞广东东江,敌视广州革命政府,他乘孙中山北上病重之机,举兵进犯广州。讨伐陈炯明的军事行动称为"东征",这是第一次东征。对于周恩来说,这是第一次检验他手下学生的素质的好机会。广东革命政府组织了以三千名黄埔军校学生为主力的东征军,以共青团和农民自卫队作军队的后盾。东征从1925年2月上旬开始,初期战斗连连告捷。3月,东征军千余人在棉湖战胜叛军主力万余人,取得大捷;随后在兴宁一役,俘虏叛军官兵千余人,缴获步枪两千余支。东征得到了农民的积极响应。所到之处村民们列队欢迎，为部队送粮送水，并用自家门板做成简陋担架抬送伤员。周恩来和叶剑英亲自指挥各营作战，周恩来还亲自调查部队的违纪情况，登记阵亡人员名单，隆重安葬死难官兵，并慰问他们的家属。同时，他委派广东区委人员去各个村庄，在收复地区组织农民武装和自卫队。4月，正当东征军乘胜围攻惠州时，杨希闵、刘震寰在广州发动武装叛乱，东征军奉命回师广州平叛。5月至6月，东征军在电厂工人、广九粤汉铁路工人、市郊农民的支持下，平息了叛乱。杨希闵、刘震寰逃奔香港，广州政局化险为夷。

从1924年5月黄埔军校开办到第一次东征仅仅9个月，组建时间及训练时间短，人数又不多，却能以高昂的士气、严明的纪律取得如此赫赫战功，这自然同周恩来主持下的黄埔军校政治工作密不可分。从此，黄埔校军英勇善战的威名远近闻名。

讨伐陈炯明的第二次东征是在1925年的10月。在第一次东征中，军阀陈炯明虽被击败，但仍负隅顽抗。他乘广州暴乱时机，在英帝国主义和北洋军阀段祺瑞的支持下，又死灰复燃，重占东江。1925年9月再次举兵来犯，于是周恩来又率国民革命军第一军学员迎击陈炯明。在第二次东征中，周恩来主持下的总政治部做了大量工作，军队的政治工作比上次东征时又有许多新的发展。10月14日,东征军攻占惠州城,歼灭陈炯明军队的主力。11月底,周恩来率军在香港罢工工人和东江地区农民的援助下,攻占华南海岸的重镇汕头——当时叫"沙头",全歼陈炯明余部,赢得了二次东征的彻底胜利,从而结束了陈炯明祸乱广东的历史。这是一次重大胜利,周恩来马上被委任为东江各属行政委员。与此同时,国民政府也完成了南征讨伐邓本殷的任务。

两次东征和一次南征的胜利,歼灭了东江、广州市区、广州南路和海南岛的反革命力量,终于使多年四分五裂的广东得到了统一,从而巩固了广东革命根据地,并为胜利地开展即将到来的北伐战争奠定了基础。

在广东革命根据地实行统一的过程中,1925年7月1日,广东革命政府改组为国民政府。以国民党左派面目出现的汪精卫被推举为国民政府主席,胡汉民为外交部长,廖仲恺为财政部长。7月6日,国民政府设立军事委员会,军委会成立后,下令取消"湘军"、"粤军"等带有地方色彩的地方军名称,一律改称国民革命军,一律使用青天白日满地红的军旗。8月,组编第一至第六军,共计85000人,各军仿照苏联红军设立各级党代表、政治部。第一军军长蒋介石,政治部主任周恩来。8

月20日上午，国民党左派领袖廖仲恺在中央党部大门前被人暗杀。廖案发生后，蒋介石乘机逼走胡汉民和许崇智。许崇智是蒋介石的老上级，当时担任国民政府军事部长、广东省政府军事厅长、粤军总司令。蒋介石将粤军的一部分包围缴械，另一部分强行收编。8月24日，蒋介石任广州卫戍司令。于是，广东革命政府的军事领导权逐渐转移到蒋介石手中。

虽然广东革命根据地得到了稳固和统一，但革命政权内部的危机仍然是严重的，周恩来对这一点有着清醒的认识。通过两次东征和讨伐杨、刘等战役的胜利，蒋介石逐步成为广东革命政府军事方面举足轻重的人物。他的起家本钱就是由国共合作建立起来的黄埔军官学校。因此，在一段时间内，他表面上同共产党合作，表示赞成革命，实际上却随时在提防和限制共产党，是右派势力的保护者和组织者。之后，随着蒋介石实力的逐渐增长，他的反共面目越来越明显地暴露出来。在这种情况下，周恩来对以蒋介石为代表的国民党右派破坏国共合作、分裂统一战线的反共行径进行了针锋相对的斗争。

1925年8月25日，黄埔军校教导团改编为国民革命军第一军，在组织上同黄埔军校分开了。9月下半月，周恩来被任命为第一军政治部主任。周恩来离开黄埔军校后，中共中央又调派刚从苏联归国的熊雄、聂荣臻等到黄埔军校工作。周恩来叮嘱他们，在工作中要利用一切机会，积极开展党团活动。他说：蒋介石要限制我们，我们要教育党团员，开展各种活动，争取进步青年，以反对他的限制。1926年，恽代英到广州参加国民党二大后，也留在黄埔军校，担任政治总教官。黄埔军校的政治工作仍由中国共产党人负责，并继续受担任中共广东区委军事部长的周恩来领导。周恩来在黄埔军校工作的这一年，正是国共两党结成统一战线后合作得比较好的时候。这种合作是富有成果的，无论对国民党还是共产党都是有益的，从而给正在兴起的国民革命运动注入了巨大的活力。

1925年11月，在东征途中，蒋介石召集连以上的军政人员联席会，公开表示他的黄埔军校不可分裂，要求周恩来把所有在黄埔军校以及在军队中的共产党员的名字都告诉他，所有国民党员加入共产党的名字也都要告诉他。当时周恩来以此事关系两党，须请示中共中央才能决定，搪塞了过去。后来蒋介石同周恩来在个别谈话中进一步提出，为了保证黄埔军校的统一，共产党员或者退出共产党，或者退出黄埔军校与国民党，并假惺惺地表示，后者是他所不愿意的。

1926年1月国民党第二次全国代表大会前夕，周恩来从汕头回到广州，同陈延年和苏联顾问鲍罗廷商量。他们商定：应该采取打击右派、孤立中派、扩大左派的政策，给蒋介石以回击，把共产党员完全从蒋介石部下撤出，另外与汪精卫成立国共两党合作的军队。周恩来带着这个意见回到汕头，准备在接到中共中央回电后立即向蒋介石正式提出。等了好久，中共中央却来电回复不同意。这是中共党内陈独秀右倾机会主义对蒋介石的一次大让步。

1926年3月20日，蒋介石制造了中山舰事件。这是蒋介石压制共产党，排挤苏联顾问，图谋夺取革命政权的重要步骤。事件发生后，周恩来立刻赶往蒋介石那里，向他提出质问，也被软禁了一天。当时，蒋介石提出两个条件：第一，共产党员退出第一军；第二，不退出的要交名单。怎么办？是进行反击，还是继续退让妥协？周恩来和正在广州的毛泽东等主张给予反击。周恩来、陈延年、聂荣臻、黄锦辉等曾在一起讨论，周恩来对情况作了分析，他说：2月份蒋介石驱逐了一名左派师长，就有反共苗头，我曾向组织报告过，但没有引起重视。现在的情况是，国民革命军六个军中，只有第一军是直属蒋介石指挥的，其他五个军都不会听他的，有的还想乘机搞掉蒋介石。而在第一军的三个师中，有两个师的党代表是共产党员，九个团的党代表,我们占了七个,团长中金佛庄、郭俊是共产党员,营以下各级军官和部队中的共产党员也不少,至于同情左派的革命力量就更大了。第一军又是以黄埔军校教导团为底子的,党的传统影响很大,我们是完全有能力反击蒋介石的。一起讨论的人都同意周恩来的分析,但以陈独秀为首的中共中央却拒绝了毛泽东、周恩来等对蒋介石进行坚决反击的正确意见,接受了蒋介石的条件。于是,已暴露身份的250多名共产党员被迫退出国民革命军第一军和黄埔军校。周恩来也被免去第一军政治部主任的职务。这是陈独秀右倾机会主义对蒋介石的又一次大让步。

三、为北伐战争做准备

周恩来离开国民革命军第一军后,集中力量主持中共广东区委军委的工作。那时两广已经统一,已处在大举讨伐北洋军阀的北伐战争前夜。放在广东区委军委面前最重要的课题,便是为北伐战争做好准备。

当时广东区委军委直接领导7个单位的党的工作:国民革命军第一、二、三、四、六军、黄埔军校本部和入伍生部。周恩来每星期都要召集他们开一两次会议,听取他们的汇报,部署各项工作。聂荣臻、黄锦辉同这些单位经常联系，向这些单位派遣干部，向军中的共产党员传达党的方针政策，积极为北伐战争做准备。作为广东区委军委的负责人，周恩来还帮助过广州国民政府军事总顾问加伦将军制订北伐的军事计划。

1926年5月，叶挺率领的国民革命军第四军独立团作为北伐先遣队，从肇庆、新会出发，开赴湖南前线。叶挺独立团是在周恩来的努力下，于1925年11月组建起来的，全团2100多名官兵。这是一支由共产党直接领导的，以共产党员、青年团员为骨干的革命武装。刚成立时，全团有共产党员20人左右，建立了党的支部。独立团出师经过广州时，周恩来在叶挺家里召集团内连以上党员干部开会，向他们分析国内外形势，北伐的有利条件，湖南、湖北的工人、农民、学生运动的情况，唐生智部的情况，广东各军的情况，说明独立团担任北伐先遣队的任务。并且提出几点要求：一、加强党的领导，加强政治工作；二、注意发动群众，组织群众；三、注意统一战线工作，很好与友军团结；四、作战要勇敢，要有牺牲精神，要能吃苦耐劳；五、要起先锋作用、模范作用、骨干作用；六、现在有些军队都不愿意派部队先出去，只要你们打了胜仗，他们就会跟上来。最后，周恩来用"饮马长江"这四个字来鼓励大家。

临走时，同每个同志一一握手，说："武汉见面。"先遣队出师前，周恩来对独立团党支部的一番细致深入的指导，对全团起了巨大的鼓舞作用。在之后的北伐战争中，从进入湖南到攻克武昌，叶挺独立团一直充当前锋，英勇善战，屡建奇功，为国民革命军第四军赢得了"铁军"的光荣称号。

周恩来还在国民革命军总政治部举办的战时政治训练班上作了题为《国民革命军及军事政治工作》的讲演。他在这篇讲演中系统地总结了军队政治工作的经验，指出："我们做政治工作的使命，对于官长官佐要巩固其革命观念，对于士兵要使之有革命常识。""最近国民革命军唯一的使命就是反帝国主义。这个问题解决，就可消灭军阀及平息社会上一切不安的现象。所以，我们在革命军里做政治工作，最要紧的是使广大的群众明了帝国主义的罪恶，这是政治工作最近的目的。"他具体地论述了军队中政治工作的范围和方法，并且指出："我们是为主义为党国而奋斗的。我们在军队里做政治工作，要以身作则，严守纪律，常常表示勇敢的态度，比士兵更要勤苦。"他指出，这样才能鼓起士兵们作战的勇气，得到人民的支持，巩固革命的基础。当北伐军准备出发的时候，周恩来所作的这个系统的讲演，对北伐军中的政治工作人员弄清楚自己工作的要求和方法是有帮助的。

　　1926年7月9日，国民革命军八个军，共10万人，在广州正式出师。直接讨伐的对象是受帝国主义支持的直系北洋军阀吴佩孚部和孙传芳部。在各地群众的热烈响应下，轰轰烈烈的北伐战争开始了。北伐时，周恩来没有随部队一道进军武汉，但在战争进行过程中，他主持下的广东区委军委做了大量的领导工作。就这样，从1926年下半年到1927年3月，北伐军只用大半年的时间，就消灭了军阀吴佩孚和孙传芳的军队，把革命从广东推进到长江流域，占领了湖南、湖北、江西、福建、浙江、安徽、江苏等省，严重地动摇了帝国主义及其走狗北洋军阀在中国的统治。北伐战争之所以取得很大的胜利，原因很多。首先因为这是一场反帝反封建的正义的革命战争，是国共两党合作的成果，因而得到沿途广大工农群众的有力支持，当然也有苏联顾问的帮助和苏联政府物质上的支援。其次，归功于周恩来近两年来在黄埔军校和国民革命军中进行的卓有成效的政治工作。它使军队中许多指战员有着明确的革命目标和不怕牺牲、英勇作战的革命精神。在北伐军中共产党员和青年团员发挥了模范先锋作用。

　　随着北伐战争的节节胜利和工农群众运动的迅猛发展，国民政府和国民革命军内部原来存在的矛盾越来越尖锐地表现出来。已就任国民革命军总司令的蒋介石反对革命的面目也更加清楚地暴露出来。周恩来清醒地看到这一切,并以无产阶级革命家的大无畏气概和光明磊落的胸怀,坚定不移地维护革命力量的团结,旗帜鲜明地回击了国民党右派的污蔑和攻击。对蒋介石的反共分裂行径,许多共产党人为挽救中国革命主张对反革命进行反击,但中共党内以总书记陈独秀为代表的右倾机会主义者一直持迁就让步的态度,认为反击就会导致统一战线破裂。这就更加助长了国民党右派的反动气焰,蒋介石和汪精卫先后发动"四一二"反革命政变和"七一五"反革命政变,大肆屠杀共产党员和革命群众。国共合作所发动的国民革命就此宣告失败。

1927年年底,周恩来奉命调中共中央工作,离开他工作了两年多的广州。在这个时期,周恩来在统一战线、武装斗争、党的建设等方面做出了创造性的贡献,为后来中国革命的发展奠定了一个坚实的基础。

第二节 领导八一南昌起义

1924年—1927年举行的国民革命(或称大革命)由于国民

党内蒋介石与汪精卫集团的相继"清党"、反共，到1927年夏惨遭失败。中国革命转入低潮，国共两党由合作走向分裂，从此开始了十年内战。

为了挽救革命，1927年7月12日，中共中央领导机关根据共产国际的指示进行了改组，成立了临时中央常务委员会，陈独秀因为大革命时期犯了右倾机会主义错误，此时被停职。常委会由周恩来、张太雷、张国焘、李立三、李维汉组成。临时中央常务委员会存在不到一个月，但面对严峻的形势，做出了几项重大决策：一是宣布退出武汉国民政府，撤出参加国民政府的共产党员；二是决定发动反抗国民党反动统治的南昌起义和秋收起义；三是决定召开一次紧急会议解决政治路线问题（即1927年的"八七"会议）。

根据中共中央临时常委会的决定，1927年7月27日，成立了由周恩来、李立三、恽代英、澎湃组成的中共前敌委员会（简称前委）。中共中央临时政治局委员、军事委员会书记周恩来担任前敌委员会书记，挑起了组织领导南昌起义的重担。1927年7月27日，周恩来从武汉秘密抵达南昌，住在朱德的寓所。周恩来一到南昌，不顾旅途疲劳，立刻紧张地工作起来，日以继夜，和朱德及其他同志一起运筹决策。参加南昌起义的部队当时有贺龙指挥的原国民革命军第二十军，叶挺指挥的第十一军第二十四师以及朱德指挥的国民革命军第三军军官教导团及南昌公安局的两个保安队，共计两万余人。

朱德1926年底根据党的指示到南昌任军官教导团团长兼南昌市公安局长。这个军官教导团名义上隶属国民革命军第三军（滇军），实际是共产党领导的军官学校。1926年6月，江西省省长、第五路军总指挥朱培德"礼送"共产党人出境。朱德将军官教导团的大部分学员分配到赣江流域各县从事革命活动，自己也离开南昌去武汉。7月21日，朱德在武汉接受党的指示，又返回南昌，他利用自己原来的社会地位和声望，为起义做了大量的准备工作。

贺龙领导的国民革命军第二十军是参加南昌起义的主力部队之一。当时贺龙不是共产党员。他出身贫苦，20岁那年，两把菜刀闹革命，组织起一支农民武装，曾参加过讨伐袁世凯的行动。1926年担任国民革命军第九军第一师师长，参加北伐，深受共产党员周逸群的影响，是北伐军中著名的左派将领，支持工农运动。北伐战争开始后，贺龙任国民革命军第九军第一师师长，率领部队由贵州铜仁进军到湖南常德，改为独立第十五师。在共产党员周逸群的帮助下，开办政治讲习所，招收一大批进步青年，经过训练后，充实和改造部队。1927年6月，该部队扩编为第二十军。

另一支起义军主力就是叶挺领导的第二十四师。这是我党能够完全掌握的部队，是起义军的骨干力量。北伐军占领武昌后，叶挺被提升为第十一军第二十四师师长，后兼武汉卫戍司令。原来的叶挺独立团，编为第四军第二十五师第七十三团，该团及第二十五师第七十四团一小部分及第七十五团的大部分也成为起义军的主力之一。

1927年7月27日，以周恩来为书记的前敌委员会在江西大旅社正式组成。第二天，周恩来亲自找贺龙谈话，向他传达了中共中央前敌委员会关于立即举行起义的决定，并征求他的意见。贺龙当即表示："很好！我完全听共产党的命令，要我怎么干，我就怎么干。"周恩来当即代表前敌委员会任命贺龙为起义军代总指挥。刘伯承草拟了起义计划，组织了起义军总指挥部。

正当起义的各项准备工作紧锣密鼓进行之时，突然在7月29日上午接连收到中央代表张国焘发来的两份密电，说：暴动宜慎重，无论如何要等他到后再作决定。周恩来同前委其他成员商议后果断地决定：暴动决不能停止，继续进行一切准备工作。7月30日早晨，张国焘到了南昌。前委立即召开紧急会议。在会上，张国焘再次竭力阻挠起义。对此，周恩来等人强烈反对，认为暴动不能推迟，更不能停止。当张国焘说这是共产国际代表的意见时，一向待人温和的周恩来再也无法忍受，激动地说："国际代表及中央给我的任务是叫我来主持这个运动，现在给你的命令又如此，我不能负责了，我即刻回汉口去吧！"这样激烈的争论一直持续到7月31日，最后张国焘屈服了，表示服从多数。就这样，发动南昌起义的原计划才得以坚持下来。前委会议最后决定：8月1日凌晨4时行动。

在这个紧要关头，7月31日晚，第二十军第一团有个姓赵的副营长投敌叛变。前委当即决定提前行动，把凌晨4时改为2时。1927年8月1日凌晨2时，由周恩来、朱德、贺龙、叶挺、刘伯承诸同志领导的具有伟大历史意义的南昌起义爆发了。此刻，周恩来在松柏巷天主教堂附近的一所学校里，不失时机地指挥着各路起义部队。起义部队经过4小时的激战，到清晨6时，共歼敌3000多人，解除了国民党南昌守敌的武装，占领了南昌，起义获得成功。

南昌起义初战告捷后，部队遵照起义前中共中央的决定，于8月3日开始陆续撤离南昌，南下占领广东，准备重建广东革命根据地，并占领出海口，以求得国际援助，重新举行第二次北伐。起义军踏上南征道路后，冲破敌人的围追堵截，转战千里，经福建进入广东。由于天气酷热、山路崎岖，部队大量减员。但是，大多数起义者的士气仍然很高，表现出了顽强的斗争意志。一个从南昌出发后一直在周恩来身边的战士这样描述："每天，当行军休息下来的时候，因为过度疲劳，我们总是一倒地就呼呼入睡。往往一觉醒来，睁眼还看见周恩来同志在豆油灯下工作，或是踱着步子，默默沉思。"在8月26日、8月30日，起义军经过两场恶战，终于占领了瑞金和会昌。随后，部队在会昌休整。在瑞金，前委根据贺龙的一再要求，决定吸收他入党。周恩来亲自参加贺龙入党宣誓大会。随后，起义军南下占领汕头。但终因敌我力量悬殊，于1927年10月初在广东潮汕地区与优势敌人激战数日后失利。

这时，周恩来和前委机关率部队撤退到达普宁县流沙，在流沙，起义军领导成员周恩来、李立三、恽代英、彭湃、张国焘、谭平山、贺龙、叶挺、刘伯承、聂荣臻、郭沫若等二三十人在流沙召开了一次决策性的会议。周恩来主持会议，当时他染了重病，发着高烧。郭沫若后来在回忆中说："主要是恩来作报告，他是在发着疟疾的，脸色显得碧青。他首先把打了败仗的原因,简单地检讨了一下。""把这些失败因素检讨了之后,接着又说到大体上已经决定了的善后的办法——武装人员尽可能收集整顿,向海陆丰撤退,今后要作长期的革命斗争。这工作已经做得略有头绪了。非武装人员愿留的留,不愿留的就地分散。已经物色了好些当地的农会会友做向导,分别向海口撤退,再分头赴香港或上海。"周恩来讲完后,叶挺谈到过去的教训,并说:"到了今天,只好当流寇,还有什么好说!"即是打游击的意思。贺龙也说:"我心不甘,我要干到底。就让我回到湘西,我要卷土重来。"后来贺龙领导部队开辟了湘鄂西革命根据地。此时周恩来高烧到40度,由担架抬着,常常处于昏迷状态。部队被打散时,守在他身边的只剩下叶挺、聂荣臻等几个人。后来遇到地方党的负责人杨石魂,帮助找来一条小船,在茫茫大海中颠簸了两天一夜,好不容易到了香港。到香港后,组织上把周恩来安置下来治病。

南昌起义失败后,保存下来的部队中二十四师余部有1200多人,由董朗、颜昌颐率领在1927年10月7日转战到达广东海丰、陆丰地区,同当地农军会合,11月间,树起苏维埃的旗帜,创立海陆丰红色政权。另一小部分二十五师近800人在朱德、陈毅的领导下,坚持下来。在第二年初又发动了轰轰烈烈的湘南大起义，随后于1928年4月上井冈山同毛泽东领导的秋收起义队伍会师，创立了中国工农红军第四军。

南昌起义虽然失败了，但在中国革命转入低潮的情况下，打响了武装反抗国民党统治的第一枪，标志着中国共产党独立领导革命战争和创建人民军队的开始。所以，后来中国共产党把 8月1日定为人民军队的建军节。周恩来是南昌起义前敌委员会书记，也就是中国人民解放军当之无愧的光荣缔造者之一。

第三节　领导国统区秘密隐蔽战线工作

南昌起义失败后，周恩来身患重病被转移到香港，治疗了一段时间，身体渐渐得到了恢复。1927年11月上旬周恩来到达上海，当时中共中央设在此地。周恩来参加了中共中央临时政治局扩大会议，会议给了以周恩来为书记的南昌起义全体领导成员"警告"处分。但由于周恩来的才干，这次会议增补周恩来为中央政治局委员，奉命负责党和军队的整顿工作。这样，周恩来就担负起了处理上海中共中央的日常工作。1928年6月，周恩来赴莫斯科参加中共六大。周恩来当选政治局常委兼组织部长，1928年11月上旬周恩来回国，继续在极端秘密状态下主持中共中央工作。从1927年11月周恩来到上海至1931年12月离沪来到中央苏区瑞金，整整四年里，周恩来作为上海中共中央的主要负责人，为共产党在国统区工作的恢复和发展做了大量的工作。尤其是他直接领导的国统区秘密隐蔽战线的工作有力地配合了共产党在各革命根据地开展的武装斗争。

大革命失败后，面对国民党的大肆屠杀和白色恐怖统治，中国共产党一方面通过独立创建人民军队，开展武装斗争，并开展土地革命，创建了一个个农村革命根据地，燃起了复兴革命的星星之火。另一方面，即在国民党统治区开展秘密斗争。这个斗争必须要有绝对的保密措施。"中央特科"就是在这个特殊历史背景下产生的。"中央特科"，是在周恩来亲自主持领导下建立和发展起来的。1927年11月，中共中央成立了由周恩来主持的中央特别任务委员会，简称"特委"，下设执行具体任务的中央政治保卫机构——中央特科。它在保卫党的领导机关安全、收集情报、营救被捕同志、打击敌特、严惩叛徒、建立地下交通线等方面，做出了重大贡献。

"中央特科"开始由向忠发、周恩来、顾顺章三人负责，他们三人中周恩来是决策人，他不仅要决定"中央特科"

各项重大方针政策，制定重要措施，而且常常奋不顾身地指挥行动队，抢救被捕同志，镇压叛徒。特科下面设四个科，分别是一科总务科；二科情报科；三科行动科；四科交通科。

一科总务科的主要职责是为中央机关和领导同志租赁住房，布置开会场所，建立联络点以及负责收殓被敌人杀害的同志遗体，料理家属生活等。就周恩来而言，当时由于他的地位和影响，他是国民党方面千方百计追捕的重要目标。在如此复杂的环境中，他沉着冷静，机智、从容地应付一切险境。他不停地变换姓名和住址。居住的地点，有时住一个月，有时只住半个月，这些都由一科具体安排。而且周恩来每换一处就改一次姓名，知道他住处的只有两三个人。社会上认识他的人太多，因此他外出的时间严格限制在清晨5时至7时和晚上7时以后，其余时间除特殊情况外都不出去。他对上海的街道布局进行过仔细的研究，尽量少走大马路，多穿小弄堂，也不搭乘电车或到公共场所去。他通常装扮成商人，后来又留起了大胡子，所以党内许多人叫他"胡公"。尽管他是被搜捕的重点人物，但始终没有被发现。又比如1930年5月，在上海召开的中华苏维埃区域代表大会预备会议的会场就是由特一科布置的。这次会议参加人数多，开会时间长，工作量大，当时，会场准备了两处，以防一处发生问题时，可以转移到另一处。会议规定，人员只进不出，代表进入会场后在会议期间不能自由出入，就地吃饭睡觉，伙食专门派人备办，整个会议期间没有发生问题。一科还筹办了党的六届三中和四中全会，均未发生事故。

二科情报科主要负责收集情报，掌握敌情。这个工作是在周恩来直接领导下，由陈赓等负责的。在作法上，他们采取"拉出来"和"打进去"的办法，通过各种社会关系，深入国民党的党政军警宪特要害部门，准确而及时地掌握搜集各种情报。1928年春建立的第一个反间谍关系鲍君甫，化名杨登瀛。这个人是国民党中统头目陈立夫的亲信、国民党中央的驻沪特派员。他提供的大量情报，对防止党的机关被破坏、营救战友和清除内奸起了重要的作用。1929年末，又派遣李克农、钱壮飞、胡底打入国民党的高级特务机关，钱壮飞凭其才干还担任了国民党中央组织部党务调查科主任徐恩曾的机要秘书，李、钱、胡相互配合，收集了国民党方面很多重要的机密情报，从而为党中央制定对敌政策提供了重要的依据。在许多紧急关头，敌人还没出动，我们就知道我党哪个机关或哪位同志已暴露，立即通知转移，使敌人经常扑空，甚至连蒋介石调动军队向我革命根据地进攻的情况，有时也能提前知晓，这使我党的对敌决策下得快、下得准，成功把握大。

三科行动科负责抢救被捕同志，打击罪大恶极的叛徒，以此来保卫党中央在国统区的安全。行动科科长先由顾顺章兼任，后来周恩来发现他的行为不好，改让陈赓继任。该科下面设有配备武装的"红队"，专门负责打"狗"（镇压叛徒和国民党特务），所以也叫打"狗"队。其成员多从上海工人和各苏区红军中，选调一些机智勇敢、枪法好的特等射手组成。周恩来领导的"中央特科"三科在营救被捕同志、惩治叛徒方面，有几个典型事件值得说一说。一是为抢救罗亦农处决了出卖罗亦农的叛徒贺家兴；二是为营救彭湃等同志镇压叛徒白鑫；三是通过各种关系，千方百计地成功营救了任弼时、关向应；四是追捕顾顺章，保卫上海党中央。

1931年4月下旬，发生了顾顺章被捕叛变的事件。这件事严重地威胁党在上海领导机关的安全。这是因为顾顺章在被捕前是党中央委员，负责中央特科具体工作，并主持三科工作。他知道的中央机密特别多，知道周恩来和许多中央负责同志的住址，还知道地下党员钱壮飞等人打入国民党高级特务机关的事实。而顾顺章这个人随着工作中取得的一些成就，个人野心日益膨胀，生活腐化，个人品行恶劣。为此，周恩来曾多次批评他。顾顺章被捕后，当天就叛变了，并以他所知道的许多中共重要机密作为向蒋介石邀功请赏的资本，提出要到南京向蒋介石当面报告。非常幸运的是武汉特务机关发给南京中统特务头子徐恩曾的绝密电报被徐恩曾的秘书钱壮飞截获。钱壮飞得知了顾顺章被捕叛变，要和敌人勾结起来破坏上海整个党中央机关。于是，钱壮飞派他的女婿刘杞夫连夜坐火车到上海，把这个情报报告给李克农，由李克农转报给周恩来。

  周恩来得知顾顺章叛变的消息，立即向中央报告，并采取紧急措施，把警报分送给中央各部门。面对如此险恶、紧迫的情况，周恩来受党的重托，挑起了全面负责处理这一紧急事变的重担。在陈云等同志的协助下，周恩来以惊人的机智果敢，抢在敌人前面，跟敌人展开了一场惊心动魄的搏斗。他和陈云当机立断，马上召集有关人员举行紧急会议，采取了一系列紧急措施：对一切可能成为顾顺章供出的对象和负责同志尽快转移到安全的地方或调离上海，当天夜里，党中央和江苏省委以及共产国际的派驻机关全部都搬了家；停止顾顺章所知道的一切秘密工作方法，由各部门负责实现紧急改变；同时命令陈赓等同志及时采取措施，准备反击。这是千钧一发的紧急时刻，周恩来临危不惧，沉着镇静，在陈云等同志的协助下，经过几天几夜不眠不休的紧张战斗，终于抢在敌人的前面，迅速妥善地保卫了党中央和江苏省委机关的安全，使共产党避免了一场大灾难。

1931年4月28日顾顺章被带到南京，向蒋介石全盘出卖党的机密。第二天，国民党在上海开始了大搜捕，但为时已晚，中共中央机关及有关人员早已转移。如果没有周恩来领导的中央特科的隐蔽工作，中共中央机关在国统区早就被一网打尽了。

四科交通科负责党中央同各根据地、红军和各省委的无线电台联系，水陆交通线的联系。1928年10月，周恩来参加党的"六大"回到上海不久，就亲自抓这项工作。在周恩来的领导下，四科建立了地下无线电台。在地下无线电台建立之前，党中央同各级党组织以及各根据地红军的联系，主要以地下交通秘密传递信件的方式进行。这种原始的通信方式，既不安全，又费时误事。为此，周恩来亲自领导了我党的无线电通讯事业，包括第一套通信设备的研制、第一批通信骨干的培训、第一套通信密码的编制和第一部"地下电台"的组建。

1928年秋，周恩来指派在中央军事部工作的李强去学习无线电技术，准备研制收发报机。经过半年多的学习、实践，到1929年春末，我党第一套收发报机在周恩来的领导下研制组装成功了。后来，周恩来又指示，要根据第一套样机和图纸，做一套，改进一套，要反复检验，力争套套符合小巧、便捷、音量小等标准。与此同时，周恩来分别在国内和共产国际挑选具有一定文化基础、斗争经验丰富、政治上完全可靠的人员，学习无线电收发报技术，培训通讯骨干。1929年秋，周恩来和交通科负责人张沈川一起亲自编制了两套简易密码。在一切准备条件成熟后，开始组建电台，正式实施无线电通报。在台址的选择上，周恩来曾多次具体指示：台址要注意隐蔽安全，要有一对夫妇作掩护，周围要采取必要的防范措施。电台人员要仪表整洁，西装革履。家里摆设要大方得体，布置得像富户人家。1930年1月，上海党中央同香港南方局正式实现了党内第一次无线电通报联络，报务员是上海的张沈川和香港的黄尚英。从1931年初起，周恩来又组织力量向各革命根据地秘密输送了一批通信器材和骨干。到这年夏秋，中央苏区和湘鄂西、鄂豫皖革命根据地先后同上海党中央进行了无线电联系。这些电台使各革命根据地同上海党中央进一步建立了快捷、安全的联系，以便及时得到中央的指示和国民党方面的动向。

第四节　在中央革命根据地

1931年12月，周恩来离开上海，一路辗转来到了中央革命根据地（或者称中央苏区）首府江西省瑞金。在这里他会见了早在这里的毛泽东、朱德，以及中央代表团成员，并就任中共苏区中央局书记。这一任命早在1930年10月17日的政治局会议上就做出了。只是周恩来那时一时难以离开，先由任弼时、项英、王稼祥等组成中央代表团于1931年4月先期到达瑞金。中央革命根据地是毛泽东、朱德领导红军通过开展武装斗争，深入农村进行土地革命，于1929年创建的土地革命时期共产党领导的最大的一块农村革命根据地，也叫赣南闽西革命根据地。此前，由于红军执行毛泽东、朱德在实践中创造的一套机动灵活的游击战术，已经成功地粉碎了国民党军队对中央革命根据地的三次军事围剿。尽管如此，苏区的形势仍然很严峻。不仅随时面临着国民党军队的大举军事围剿，还面临着被"左"倾教条主义者所统治的危险。1931年1月随着中共六届四中全会的召开，王明路线统治了在上海的党中央。中共党内发生两条路线的斗争，即以毛泽东为代表的从实际出发的正确路线和以王明为代表的"左"倾教条主义错误路线，整个苏区日益被"左"倾错误路线所统治。"左"倾教条主义者不了解中国国情，主张中国革命走俄国十月革命中心城市武装起义的道路，实行军事上的冒险进攻路线。他们竭力反对毛泽东等人开辟的以农村为中心的革命道路，以及由其提出的一套机动灵活的红军作战原则。毛泽东个人也受到了"左"倾教条主义者的种种排挤、打击。对此，周恩来作为中共苏区中央局书记给毛泽东以很大的尊重和支持，并排除"左"倾路线的干扰，在1933年2月和朱德同志一起指挥红军第四次反"围剿"战争，取得胜利。

早在1931年11月初，中央代表团在瑞金召开赣南会议，会议集中火力反对右倾，不点名地对毛泽东进行了批评。11月末，毛泽东原来担任的红一方面军总政委职务被撤销，毛泽东被排挤出红军的主要领导岗位，失掉了兵权。此时，推行"左"倾进攻路线的临时中央主张攻打江西中心城市赣州，结果失利。毛泽东抱病解围赣州，并取得漳州大捷。1932年8月，经周恩来反复力争，恢复了毛泽东红一方面军总政委的职务。但"左"倾教条主义者对毛泽东执行的进攻路线并不信任，在1932年10月召开的宁都会议上，毛泽东又遭到猛烈批判,刚刚恢复的总政委职务再次被撤销,把他从前方调到后方主持临时中央政府工作,实际上是让他靠边站了。

周恩来因在前方指挥打仗没有参加宁都会议,当他得知毛泽东再次被剥夺兵权,而由他代理红一方面军总政委,负战争指导总责时,他坚决不同意。1932年10月制定的《工农红军第一方面军战役计划》上,仍签上"红军总政委毛泽东",周恩来本人以"代总政委"的名义副署,毛泽东被排斥出红军的领导岗位后,去瑞金的东华山养病。1932年10月14日,周恩来在"绝对秘密"的战役计划上,最后仍列三个人的署名:"总司令朱德,总政委毛泽东,代总政委周恩来"。并在计划上注明:"如有便,请送毛主席一阅。"表示了他对毛泽东的信任和尊重。他和朱德制定的战役计划,仍然按照毛泽东在实践中总结的红军作战原则。比如实行诱敌深入、集中优势兵力、先打弱敌、打歼灭战和速决战、以游击战和带游击性为主的运动战为主要作战形式。正因为如此,1933年2月周恩来和朱德指挥红军取得了国民党军队对中央革命根据地的第四次"军事"围剿。

王明"左"倾错误给中国革命造成了严重的危害。1933年2月,蒋介石在结束对鄂豫皖、湘鄂西等根据地的"围剿"

后，分左中右三路，采取"分进合击"的战术，向中央革命根据地发动了第四次"围剿"。当时毛泽东已被剥夺兵权，所以由红一方面军总政委周恩来和总司令朱德在前线直接指挥。周恩来、朱德等一致抵制了中共苏区中央局要红军猛攻国民党有重兵把守的且有坚固工事的南丰的错误意见。他们针对国民党军的态势，吸取前几次反"围剿"的成功经验，采用大兵团伏击战术，集中优势兵力在运动战中消灭对方，最终取得了黄陂和草台岗这两个战役的胜利。这两个战役是第四次反"围剿"中具有决定意义的战斗，共歼灭国民党军队近三个师、约二万八千人，其中包括陈诚的最精锐的主力部队，红军取得了第四次反"围剿"的巨大胜利。这在这时，1933年初中共临时中央在上海无法立足，负责人博古等人被迫迁入中央苏区，开始在中央革命根据地全面推行王明的"左"倾冒险主义进攻路线。1933年秋被派到中国来指导革命的共产国际代表李德也来到中央苏区。

当时博古虽是中央主要负责人，但他不懂军事，就把红军的指挥大权交给李德。李德根本不懂中国的国情，只凭教科书中的条条框框和第一次世界大战中大规模阵地战的经验，硬搬到中央苏区强加推行。他的作风又独断专行，蛮横粗暴。大家因为他是共产国际派来的军事顾问，对他相当尊重。他就独揽大权，发号施令起来。他制订并下达具体的作战计划，甚至越过红军总部，直接指挥前方部队作战。担任过李德翻译的伍修权在回忆录中说："李德的独断专行取代了军委的集体领导。""由李德一人躲在房子里凭着地图指挥战斗。"红军的许多失利"本来都是李德的主观主义瞎指挥造成的，可是他却动不动就训斥处分别人，不断发脾气骂人，根本听不得反对意见"。"当时中央的错误领导，和李德本人的专横作风，使他成了一个地道的'太上皇'。"在这种情况下，周恩来处境的困难是可想而知的。他虽还在前线，但对重大军事行动的指挥权力已被剥夺，只能提出建议，而这些建议又往往不被理睬。

1933年9月25日，蒋介石亲自指挥50万大军对中央革命根据地发动第五次军事"围剿"。这次"围剿"的规模比以往四次更大。第五次反"围剿"直接由博古、李德指挥。他们采取了一套完全违背实际的战术原则：是冒险进攻，而不是积极防御，反对诱敌深入；是分散兵力，而不是集中兵力；是堡垒战、消耗战，而不是持久战。所以战斗从一开始就陷入了不利的态势，红军和苏区损失很大，每次战役都要损失两三千人，这在以前是从来没有过的。在第五次反"围剿"中，红军损失

6万人。最严重的是1934年4月11日至4月28日的广昌战役，此次战役阵亡四千人，两万人受伤。由于李德的瞎指挥，红军多次失去消灭国民党军队有生力量的良机，使第五次反"围剿"战争逐渐陷入困境。这时，周恩来在党内生活很不正常的情况下，曾多次抗争，直至对李德的瞎指挥直接提出了严肃的批评。当时担任李德翻译的伍修权说：周恩来曾经与李德进行过多次争论，表示不同意李德的某些军事主张和作战方案。特别在如何使用兵力的问题上，李德强调所谓'正规军'打'阵地战'，用红军的'多路分兵'对付敌人的'多路进击'；周恩来同志主张集中兵力于一个方向，其他方向则部署牵制力量，使红军保持相对的优势和机动兵力，以粉碎敌人的进攻。但是，李德拒不接受周恩来同志的正确建议，使分兵把守的红军被敌人的强大兵力各个击破。在周恩来与李德进行这些争论时，翻译伍修权经常在场，有时由他从中翻译，有时周恩来同志直接用英语对李德讲。那时对博古、李德的一些错误决定，周恩来不能不服从并组织实施，但仍做了一些有益的工作。随着战局越来越不利，中共中央着手战略转移。1934年10月5日，利用蒋介石中央军与地方军阀的矛盾，朱德、周恩来派潘汉年、何长工为红军代表，到寻乌附近同广东军阀陈济棠的两个师长举行密谈。代表出发前,周恩来向他们交代了任务和联络密语,叮嘱他们要"勇敢沉着,见机而作"。经过谈判,双方达成了就地停战、互通情报、解除封锁、相互通商和必要时互相借道等五项协议。其中包括:红军有行动时事先告诉陈济棠,陈济棠部就后撤二十公里。这就为中央红军的长征突围提供了有利条件。

第五节 在遵义会议上支持毛泽东

由于第五次反"围剿"的失败,红军被迫进行战略转移。1934年10月10日,中共中央机关和中央红军主力连同后方机关8.6万人,分别从江西瑞金、于都和福建的长汀、宁化等地出发,向湘西突围转移,开始长征。长征开始后,红军经过浴血奋战突破国民党军队重点设置于江西、湖南、广东之间的三道封锁后,蒋介石又调集40万兵力,妄图将红军消灭在湘江之侧。其中,在进入广东境内时,陈济棠执行同红军原定的秘密协议,没有堵截,红军在很短时间内顺利地通过第三道封锁线。湘江战役,是中央红军在长征途中战斗空前激烈、损失最为惨重的一次战役。在湘江战役中,周恩来一直坚持在湘江东岸的渡口指挥部队抢渡。红军血战一周，终于突破了第四道封锁线，渡过了湘江，但代价惨重，在这里人员折损过半，只剩下3万多人。这时国民党方面已判明红军的行动意图是与湘西的红二、六军团会合，于是在通往湘鄂西的前进路上部署了重兵，准备在这里围歼红军的主力。如果仍按照原定的行军计划，红军就有全军覆灭的危险。

在这个危急关头，毛泽东力主放弃原定计划，改向国民党力量薄弱的贵州前进。周恩来赞同毛泽东的主张。博古、李德那时因军事的失利而灰心丧气。这样，部队的指挥实际上已由周恩来担当起来。于是，红军向贵州前进，一举进占贵州东南的黎平县城。1934年12月18日，由周恩来主持，中央政治局在黎平召开会议，会上展开了激烈的争论。这时李德主张折入贵州东部，这也是非常错误的，是要陷入蒋介石的罗网。毛主席主张到川黔边建立川黔根据地，主持会议的周恩来采纳了毛泽东的意见。会后，周恩来把黎平会议决定的译文给李德送去，李德看后大发雷霆，用英语和周恩来吵了起来。周恩来的警卫员范金标后来回忆说当时两人吵得很厉害。第二天，朱德、周恩来为执行这一决议作出行动部署。这一决议及其实行，使中央红军从长征开始后的被动局面中摆脱出来，避免陷入绝境。

战略方向确立后，红军强渡乌江，于1935年1月7日占领贵州的第二大城市——遵义。紧接着，1月15日至1月17日中共中央政治局在遵义召开了在中国共产党历史上具有转折意义的政治局扩大会议，即遵义会议。这次会议是王稼祥同毛泽东商议后由他出面提议，并得到洛甫、周恩来、朱德等支持而召开的。聂荣臻后来回忆说：周恩来、王稼祥同志他们两个人的态度对开好遵义会议起了关键的作用。

遵义会议上，博古首先作了报告，他强调红军不能粉碎第五次"围剿"的种种客观原因，来掩盖军事指挥上的错误。周恩来作副报告。他指出第五次反"围剿"失利的主要原因是军事领导的战略战术的错误，并主动承担责任，作了自我批评，又批评博古和李德。报告后，洛甫根据他和毛泽东、王稼祥共同草拟的提纲作反对"左"倾军事路线的报告。毛泽东在发言中对错误的军事路线进行切中要害的分析和批评，指明了今后的前进方向。王稼祥、朱德、周恩来、李富春、聂荣臻等也先后发言，支持毛泽东的正确主张。周恩来在发言中全力推举由毛泽东来领导红军的今后行动。他的倡议得到多数人的支持。陈云在当时传达遵义会议的提纲手稿中记录道：扩大会中，恩来同志及其他同志完全同意洛甫及毛泽东、王稼祥的提纲和意见。这个月的月底，当红军准备一渡赤水时，毛泽东对红一师师长李聚奎谈了遵义会议的情况，也强调说：恩来同志起了重要作用。显然，周恩来的态度，对毛泽东的正确主张能取得胜利，有着重要的作用。

经过三天的讨论，政治局扩大会议决定改组党和红军的领导。增选毛泽东为中央政治局常委，取消博古、李德的最高军事指挥权，决定仍由最高军事首长朱德、周恩来为军事指挥者，而周恩来同志是党内委托的对于指挥军事上下最后决心的负责者。会议结束后，中央常委开会分工，让张闻天（洛甫）代替博古负总责，任命毛泽东为周恩来在军事指挥上的帮助者。接着，又建立由毛泽东、周恩来、王稼祥组成的三人指挥小组，全权负责指挥红军的行动。毛泽东在1967年的一次谈话中讲到：后来搞了个三人团，团长是周恩来，团员一个是我，一个是王稼祥。当时担任红军第九军团政治部主任的黄火青回忆道："我们打胜仗靠的是毛主席的战略方针路线，但每次战役布置、使战争胜利是靠周副主席指挥。"遵义会议集中解决了当时最紧迫的军事问题和组织问题。结束了王明"左"倾冒险主义在党中央的统治，开始确立了以毛泽东为代表的新的中央的正确领导，从而在极端危机的历史关头挽救了党，挽救了红军，挽救了中国革命。遵义会议的成功召开离不开周恩来的特殊贡献。

第六节　在西安事变前后

一、中共抗日民族统一战线策略方针的确定

1935年10月19日，中共中央和中央红军长征胜利结束，到达陕北。11月7日，中共中央机关到达陕甘根据地的中心瓦窑堡。为围剿红军，一个月前，1935年9月蒋介石就在西安设立"西北剿匪总司令部"，自兼总司令，以张学良为副司令，并代理总司令职务。部署在陕甘根据地周围的军队有张学良部东北军，有杨虎城部十七路军，还有中央军系统的胡宗南、毛炳文等部。针对国民党军队的围剿，为巩固陕甘根据地，由毛泽东、周恩来、彭德怀组成西北革命军事委员会，立刻拟定了一个大的歼灭战计划，11月下旬，红一方面军在陕西直罗镇歼灭国民党东北军109师一个师又一个团，这就是著名的直罗镇战役。

周恩来这时兼任西北军委后方办事处主任，还负责军队的

后方供应和军需工作。中央红军到达陕北时，天气已近隆冬，不少指战员还没有穿上棉衣。因此，冬装问题是部队急需解决的大事。周恩来回到瓦窑堡后，立刻进行部署，组织人力、物力赶制冬装，仅用了十几天，就使每个战士都穿上了棉衣，解了燃眉之急。周恩来处理问题非常细致，在陕甘根据地，回民很多，所以他十分注意正确处理红军同回民的关系。经常嘱咐身边的工作人员要注意加强组织纪律，尊重少数民族的宗教信仰和风俗习惯。就这样，中共中央和中央红军到陕北后，经过军事、经济、政治上的一系列努力，仅仅两个月后，就建立了一个相对安定而稳固的陕甘根据地。这为即将召开的瓦窑堡会议提供了一个良好的环境。

红军长征以来，国内的政治局势变化很大。日本继1931年发动九一八事变，侵占东北之后，1935年又制造了华北事变，策划并发动所谓"华北五省自治运动"，在冀东建立伪政权，野心勃勃地把侵略势力进一步伸入中国内地。民族危机日益加深，使整个中国为之震动。1935年轰轰烈烈的"一二·九"运动，标志着中国人民的抗日救亡运动掀起了新的热潮。中共为适应新形势的变化，在共产国际七大关于建立广泛的反法西斯统一战线精神和中共八一宣言的指导下，1935年12月17日至12

月25日，中共中央在陕北瓦窑堡召开政治局会议。瓦窑堡会议不失时机地制定了抗日民族统一战线的政策，为第二次国共合作奠定了理论基础。

二、争取东北军、西北军

抗日民族统一战线的发展，首先在东北军工作中取得了突破。张学良的东北军是当时"围剿"陕甘根据地的敌军主力，在"剿共"战争中屡受重创，因此遭受到蒋介石的冷遇。同时自九一八事变后，东北军广大将士身受家乡沦陷的痛苦，强烈要求打回老家去，不愿同红军作战。这种情绪对张学良和东北军其他高级将领也产生了影响，这些都促使了张学良的思想逐渐发生变化。瓦窑堡会议上中共中央就决定成立东北军工作委员会，以周恩来为书记、叶剑英为副书记。1936年1月17日，中共中央部署东征时，决定政治局随军行动，留周恩来、博古、邓发三人组成中央局，负责后方工作，以周恩来为书记。后方工作中很重要的就是要做好对东北军的工作，以建立抗日民族统一战线。

周恩来根据毛泽东的部署，首先派在1935年10月榆林桥战役中被俘的东北军团长高福源去与张学良会晤，转达了我党关于建立抗日民族统一战线的诚意。高福源在1936年1月初离开瓦窑堡，到洛川见到张学良。张学良提出要与共产党的正式代表会晤商谈。1936年2月，中共中央派李克农先于东北军六十七军军长王以哲在洛川商谈，达成红军与六十七军互不侵犯的口头协定。三月初，周恩来派李克农在洛川与张学良正式谈判。这次会谈是很重要的一步，是联合抗战的开端，双方达成了几项协议，其中一项是：中共代表请示中央，请毛泽东或周恩来与张学良当面会晤，进一步商谈抗日救国大计，地点初步定在肤施，时间由中共决定。会谈中还确定由中共派一位代表常驻西安，以便于开展工作。李克农回来后，将会谈情况向周恩来作了汇报，周恩来立即电呈在东征前线的毛泽东，毛泽东也即刻回电让周恩来作为中共全权代表在适当时机会见张学良。周恩来同张学良会晤的时间，经联系后确定在1936年4月间进行。

1936年4月7日，周恩来和李克农等人带着电台向肤施（即延安）进发。4月9日晚，在肤施城内一座教堂中周恩来代表中共中央同张学良举行了秘密会谈。周恩来与张学良以前虽互未见面，初次相会，却一见如故。会谈进行得很顺利，双方就互不侵犯、互派常驻代表、建立无线电台、通商贸易等事项达成协议。张学良接受中共关于停止内战、共同抗日的政治主张，同时提出争取蒋介石抗日的意见。瓦窑堡会议时中共的政策是抗日反蒋。张学良表示："抗日民族统一战线既然要争取一切可以争取的力量，那么蒋介石也应当包括在内。蒋介石现在统治着中国，不仅中国的大部分地盘和军事力量掌握在他手里，而且财政金融、外交等也都由他一手包揽。我们现在想壮大抗日力量，为什么要把他掌握的这股力量排除在外呢？尤其是我们都是他的部下，如提'反蒋抗日'，工作起来有实际困难。目前应当设法把他'攘外必先安内'的错误政策扭转过来，逼他走上抗日的道路。可以提'逼蒋抗日'，或'联蒋抗日'。如不把他争取过来，困难是很大的，他势必会与我们作对。"张学良认为，根据他两年来的观察，蒋介石有可能抗日。张学良主张他在里面劝，共产党在外面逼，促使蒋改变错误政策，走上抗日的道路。周恩来表示愿把这些意见带回去，提请中共中央郑重考虑后再作答复。这是促成中共中央在四个多月后作出由"抗日反蒋"改为"逼蒋抗日"决定的一个重要因素。

与此同时，中共联合西北军杨虎城的工作也取得了很大进展。中共中央北方局的王世英在西安同杨虎城密谈后，也来向中央报告。杨虎城是陕西地方实力派的首领，担任着十七路军总指挥和西安绥靖主任。和东北军一样担负着围剿红军的任务，同样也受到蒋介石的歧视、排挤。他有抗日的要求，也有一定的进步思想，大革命时就同共产党有过联系。共产党员南汉宸在1931年担任过他的秘书长。1935年11月，正在天津的南汉宸委托申伯纯去见杨虎城，告诉他《八一宣言》的内容，杨虎城表示赞成共产党联合抗日的主张。12月5日，毛泽东、彭德怀派汪锋到西安同杨虎城联系，商谈合作抗日。同月下旬，王世英又经南汉宸介绍去见杨虎城，并同杨虎城达成了合作的初步协议。这样，中共中央同张学良、杨虎城之间的联络渠道都正式打通了。从此，周恩来就统一主持对东北军和十七路军的统一战线工作。从1936年上半年开始。西北地区的红军与东北军、西北军实际上停止了敌对状态，在共同抗日的基础上，首先实现了三位一体的西北大联合。

三、和平解决西安事变

1936年12月12日，爆发了震惊中外的西安事变，也称双十二事变。事变的背景是这样的：西北大联合初步形成后，张学良、杨虎城积极进行抗日的准备工作，可是蒋介石仍一意孤行地贯彻他"攘外必先安内"的反动方针。他虽然派代表同中共代表秘密谈判，但仍然集中力量部署"剿共"，对张、杨和中共的关系则通过特务加紧侦察和破坏，对抗日救亡运动进行镇压，毫无抗战的实际行动。张学良多次劝谏蒋介石停止内战，均遭到拒绝。12月4日，蒋介石携"剿共"干将钱大钧、陈诚、朱绍良、卫立煌、蒋鼎文等军政要员到西安"督战"，大规模内战的乌云笼罩在西安上空。同时提出两个方案让张、杨两将军选择：或继续"剿共"，进攻红军；或将东北军和十七路军分别调往福建、安徽，陕、甘两省由中央军接管负责"剿共"。在这个紧急关头，张学良和杨虎城密商对付办法。他们都不愿意执行"剿共"命令，更不愿调到南方去被蒋介石分割、消灭。连续几天，张学良、杨虎城反复劝说蒋介石，抗日是当今第一大事，应以国家民族命运为重。红军问题可用政治方法解决，只有一致对外，才能安内。但均遭蒋介石训斥。

1936年12月9日，西安城内一万多名学生，为纪念"一二·九"运动一周年，举行了声势浩大的示威游行，要求停止内战，一致抗日。国民党特务竟向学生开枪。学生群情激愤，准备前往临潼华清池蒋介石驻地请愿。蒋介石知道后，命令张学良制止，并说，如学生不服从，就"格杀勿论"。张学良立即赶到去临潼的路上劝学生回西安。他指出"前面不是坦途"，暗示学生再前进可能会发生流血事件。学生的行为令张学良深受感动，他答应学生们在一个星期内用事实回答他们的要求。之后，张学良又在12月10日和11日两次向蒋介石进谏，被蒋介石斥为"犯上作乱"。蒋介石的顽固态度使张学良、杨虎城彻底失望，于是下了实行兵谏的决心，并立即秘密进行周密的准备工作。

12月11日夜晚，张学良、杨虎城最后决定于12日清晨举行兵谏。1936年12月12日凌晨，按照两位将军商定的计划，东北军一部以迅速行动包围华清池，扣留了蒋介石，随即带回西安城内新城大楼里。与此同时，杨虎城的十七路军控制了西安全城，囚禁了陈诚、卫立煌等随从大员。紧接着，两将军通电全国，说明在国难当头的形势下，被迫发动西安事变是为了敦促蒋介石进行抗战，通电还提出了八项抗日政治主张。

中共在事变前并没有与闻这件事。事变一发生，张学良立刻致电中共中央，希望听取中共的意见。同时，张、杨要求中共派人去西安共商抗日救亡大计。接到电报后，中央政治局领导进行了仔细的分析、讨论，从全民族的长远利益出发，确定了和平解决事变，逼蒋抗日的方针。1936年12月12日深夜，毛泽东、周恩来复电张学良，打算让周恩来到他那儿，共商大计。

12月17日，周恩来等人作为中共中央代表乘坐张学良的专机到达西安。接下了的一周多，周恩来勇敢而沉着地担起了西安事变和平谈判这一关系民族存亡的重担。17日当晚，周恩来同张学良的谈话一直进行到深夜。他的意见是只要蒋介石答应停止内战，一致抗日，应该放蒋，并拥护他做全国抗日的领袖。周恩来对张学良的看法立刻明确表示同意，并说明了中共中央关于和平解决事变的方针，指出从各方面考虑，对蒋介石的处置极需慎重。接着，周恩来作了分析，对蒋介石的不同处置方法可能导致西安事变有两种截然不同的前途：如果能说服蒋介石停止内战，一致抗日，就会使中国免于被日寇灭亡，争取一个好的前途；如果宣布他的罪状，交付人民审判，最后把他杀掉，不仅不能停止内战，而且还会给日本帝国主义造成进一步灭亡中国的便利条件，这就使中国的前途更坏。历史的责任，要求我们争取中国走一个更好的前途。这就要力争说服蒋介石，只要他答应停止内战、一致抗日的条件，就释放他。蒋介石实际统治着中国的大部分地区，迫使他走上抗日的道路，还拥护他做全国抗日的领袖，有利于发动全面的抗日民族解放战争。周恩来提出这样明确的意见，增强了张学良和平解决西安事变的决心。第二天上午，周恩来又会见了杨虎城将军，周恩来提出的和平解决方针，完全出乎杨虎城的意料，也深得他的赞同。就这样，张学良、杨虎城及中共在正式谈判之前交换了意见，取得了一致。周恩来同张学良、杨虎城会谈后，还对原在西安工作的一些共产党员、东北军、十七路军其他高级将领、中下级军官以及社会各界人士中一些有不同意见的朋友做了不少工作。以此排除内部干扰，实现事变的和平解决。

在这段时间内，博古和叶剑英还没能赶到西安。当时情况那么复杂，而且变化多端，各种重要问题都要由周恩来亲自处理和解决。他经常彻夜不眠，有时连饭也顾不上吃。他从容镇静，办事果断，对工作一丝不苟，事无巨细都认真地研究，及时处理。有些别人没有注意的事，他也注意到了，并努力去解决。他的工作效率之高令人吃惊；他办事认真细致，令人钦佩。

在正式谈判之前，周恩来在1936年12月20日与宋子文的随同郭增恺会面时说：这次事变，中共并未参与，对事变主张和平解决，希望宋子文认清大势，权衡利害，劝说蒋介石改变政策，为国家做出贡献。并说明只要蒋先生抗日，共产党当全力以赴，并号召全国拥护国民政府，结成抗日统一战线。郭增恺向宋子文转达了周恩来的意见。宋子文喜出望外，对中国共产党的态度十分赞赏。第二天，他飞回南京报告。这一意见的传递，加速了西安事变和平谈判的进程。

12月22日，南京政府正式派宋子文、宋美龄兄妹到西安。23日上午，正式谈判开始，地点在张学良公馆中楼二层，蒋方由宋子文代表，西安方面由张学良、杨虎城、周恩来三人出席。谈判一开始，先由周恩来发言，他谈了中共和红军的六项主张：一、停止内战，南京方面撤军至潼关以东；二、改组南京政府，排逐亲日派，加入抗日分子；三、释放政治犯，保障民主权利；四、停止"剿共"，联合红军抗日，允许中共公开活动；五、召开各党各派各界各军救国会议；六、与同情抗日的国家合作。以上六项要蒋介石接受并保证实行，中共和红军赞助他统一中国，一致对日。张学良、杨虎城同意周恩来提出的六项主张，并主张以它作为谈判基础。宋子文表示个人同意，并答应转达蒋介石。下午，又就组织过渡政府、撤兵、释放爱国领袖、放蒋等问题进行了讨论。

12月24日上午，谈判继续进行，除头天参加的人以外，蒋方增加了宋美龄。宋美龄明确表示赞成停止内战，她和宋子文对谈及的一些问题都明确地承诺。周恩来对谈判取得这样的结果是很满意的。24日晚上，周恩来由宋氏兄妹引导，到高桂滋公馆会见蒋介石。当年广州黄埔军校的校长与政治部主任，已经十年没有见面了。周恩来当面向蒋介石说明了中共抗日救国的政策，蒋介石表示同意六项协议，但不采取签字形式，而以人格担保履行这些协议。经过谈判，蒋介石答应停止内战，一致抗日，西安事变得到和平解决。

西安事变的和平解决，成为时局扭转的关键。它标志着十年内战的局面基本结束，抗日民族统一战线初步形成，为第二次国共合作的实现奠定了基础。在解决西安事变的过程中，周恩来肩负着重要的使命，他的勇敢、沉着、机智体现始终，显示出一个伟大政治家的卓越才能。亲身参与这次事变的罗瑞卿、吕正操、王炳南这样评价：当时如果没有周恩来同志在西安，党中央和平解决西安事变的方针就很难得到贯彻，内战可能再起，西安事变和平解决的初步胜利就无法巩固。周恩来同志为党的革命事业，为中华民族建立了不朽的功勋。

第七节　在抗日战争和解放战争中

抗日战争中，周恩来代表中国共产党长期坚持在国民党统治区工作，负责与国民党当局谈判，广泛团结社会各阶层爱国人士，坚持并发展抗日民族统一战线，同国民党顽固派进行了有勇有谋的斗争。抗日战争胜利后，为制止内战，周恩来陪同毛泽东同志赴重庆与国民党进行和平谈判，尔后又率领我党代表团与国民党当局开展了有理有节的政治斗争。解放战争时期，周恩来协助毛泽东同志运筹帷幄，在推动第二条战线的形成、转战陕北、指挥一系列改变中国命运的战略大决战、筹备召开新政协、主持起草《共同纲领》等工作中，做出了卓越贡献。

一、周恩来在抗日战争中

抗日战争时期，周恩来任中共中央代表和南方局书记，并任国民党政府军事委员会政治部副部长，长期在驻国民党政府所在地武汉、重庆进行党的工作和统一战线工作。

1937年7月，周恩来负责起草了《中共中央为公布国共合作宣言》。12月,周恩来到达武汉,就任中共中央长江局副书记。1938年,周恩来任国民政府军事委员会政治部副部长。1939年1月,周恩来改任中共中央南方局书记。8月,周恩来赴苏联疗伤,1940年3月回延安。1941年1月17日晚,在重庆的周恩来得知国民党政府军事委员会发布反动命令和谈话后,立即打电话给何应钦和国民党谈判代表张冲,在电话中愤怒地斥责何应钦:"你们的行为,使亲者痛,仇者快。你们做了日寇想做而做不到的事。你何应钦是中华民族的千古罪人!"当天夜里,周恩来代表中共中央,怀着悲愤的心情,在《新华日报》上为皖南事变写下"为江南死国难者致哀"的题词和"千古奇冤,江南一页;同室操戈,相煎何急?"的诗句,并在1月18日的《新华日报》上刊登,这好像一颗重磅炸弹炸响了整个山城。气急败坏的国民党反动当局立即下令查封《新华日报》,并追捕报童,拘捕报贩。周恩来没有被敌人的嚣张气焰所吓倒,而是正义凛然地向国民党反动当局提出严重抗议,致使反动当局不得不释放报贩,发还报纸。为了让更多的人了解皖南事变的真相,周恩来还亲自走上街头,向周围群众散发报纸。在周恩来的带动下,"卖报,卖报,请看《新华日报》"的呼喊声响彻山城。

1943年7月，周恩来回延安参加整风学习，并参与中共七大的筹备工作。1944年5月，周恩来出席中共六届七中全会，当选了主席团成员。1945年4月至6月，周恩来在延安出席了中共七大，当选为中央委员、政治局委员、中央书记处书记。这样，毛泽东、朱德、刘少奇、周恩来、任弼时，五大书记成为中共七大后相当一段时期中国共产党的核心决策层。8月28日，周恩来与王若飞陪同毛泽东飞赴重庆，同国民党进行谈判斗争，即重庆谈判。10月10日，经过43天的艰苦谈判，国共双方正式签订了由周恩来起草的采纳国民党方面意见而略有修改的《政府与中共代表会谈纪要》即《双十协定》。《纪要》签订后，毛泽东返回延安，周恩来率中共代表团留在重庆和南京，与国民党继续谈判。1946年1月，周恩来同马歇尔、张群谈判达成停战协议。同月，周恩来率中共代表团参加国民党在重庆召开的政治协商会议。5月，中共代表团迁往南京。11月，在内战爆发已近半年、国共和谈彻底破裂、国民党完全关闭了和谈的大门后，周恩来率中共代表团由南京返回延安。

二、周恩来在解放战争中

解放战争时期，周恩来主要是作为中央五大书记之一，特别是作为毛泽东同志的重要助手,全面指挥同国民党反动派的军事作战,包括为创建新中国做方方面面的准备工作,真可谓日理万机。

1947年3月,周恩来和毛泽东、任弼时等撤离延安,转战陕北。8月,周恩来任中央军委副主席兼代总参谋长。1948年4月,中共中央机关迁至河北西柏坡。9月,周恩来参加领导和指挥了举世闻名的辽沈、淮海、平津三大战役。11月,周恩来任中央军委副主席兼总参谋长,为推翻国民党的反动统治、武装夺取政权、创建新中国,建立了不朽的功绩。1949年3月,周恩来和毛泽东等率中共中央机关进入北平。4月,周恩来率中共代表团同国民党政府代表团在北平进行谈判。6月,周恩来主持进行新政治协商会议筹备工作。9月,周恩来出席中国人民政治协商会议第一届全体会议,作关于《共同纲领》问题报告,当选为中国人民政治协商会议全国委员会委员、中央人民政府委员。10月1日,周恩来出席开国大典,紧随毛泽东同志登上了天安门城楼,见证了中华人民共和国的诞生。新中国成立后,周恩来被任命为政务院总理兼外交部长,随后又担任全国政协副主席、中国人民革命军事委员会副主席等职,成为开国元勋之一。

第四章　对新中国社会主义建设的卓越贡献

第一节　建国初期领导国民经济的恢复

一、稳定物价，统一财经

1949年10月1日，中国人民在中国共产党的领导下，经过28年的艰苦武装斗争，推翻了三座大山，取得了新民主主义革命的基本胜利，建立了中华人民共和国。这一天，中央人民政府委员会举行第一次会议，会议一致决议：宣告中央人民政府成立，周恩来被任命为中华人民共和国中央人民政府政务院（1954年改为国务院）总理兼外交部长。51岁的周恩来担任新中国开国总理长达26年。在这26年中，周恩来总理把自己的全部都奉献给了祖国和人民。他为积极探索符合我国国情的社会主义建设道路，全面组织和实施社会主义各项建设事业倾注了大量心血，做出了奠基性的贡献。

1949年，新中国建立之初，中国共产党从国民党手中接手的是一个烂摊子。当时，国民经济陷入严重困境，呈现的是生产萎缩、民生凋敝、交通阻塞、物资奇缺、物价飞涨、通货膨胀的畸形局面。对此，作为一国总理，周恩来首先面临的就是国民经济的恢复工作。那么，建国初期的经济困境到底严重到什么程度呢？让我们来看一看吧！

由于遭受西方帝国主义长达百年的侵略掠夺，以及官僚买办集团、封建势力的摧残，再加上长期战争的破坏，建国初的国民经济整体状况极度衰落，几近崩溃，到处是生产停滞、交通瘫痪的景象。工农业生产大幅度下降，工业十分落后，生产力低下，工业产品的产量相当低，且工业结构十分不合理，人民生活极为贫困。1949年的城市失业人口达400万，农村受灾面积达1.2亿亩，灾民约4000万。

当时，中央人民政府在经济上所遇到的最大困难就是严重的通货膨胀。这是由于1949年建国时，全国大陆还没有完全解放，军事上追歼残敌需要一笔巨大的军费开支。1949年的军费开支，占那一年财政总收入的一半以上；中央人民政府对几百万原国民党军政人员采取"包下来"的政策，到1950年初，连同我们的军政公教人员在内，约有900万人需要政府供给生活费用；被破坏了的工矿、交通、水利事业亟待恢复，灾区必须救济，这又需要很大的财政开支。为了弥补财政开支中的巨额赤字，国家不得不增发货币。这种做法虽然解决了当时战争和国民经济恢复等的需要，但也不可避免地在一定程度上引起物价的波动。一些不法资本家利用国家的这种暂时困难，扰乱金融，大量囤积事关国计民生的粮食、棉纱等物资，进而哄抬物价，牟取暴利。1949年到1950年初全国掀起了四次物价高涨，加剧了财政经济的困难。这就是建国初期执政的人民政府所面临的经济现状。当时，资产阶级不相信中国共产党有能力领导经济建设。上海的资本家就狂妄地宣称："共产党是军事一百分，政治八十分，财政打零分。"

面对这如此严重的财政经济困难，怎样收拾以前的烂摊子，让经济尽快好起来，是周恩来总理领导政务院首先亟待解决的问题。1949年11月18日，周恩来主持政务院第六次政务会议，在听取了有关人员的汇报后，成立了专门小组，先集中解决通货膨胀问题。在会上，周恩来分析了通货膨胀出现的原因，要求全党全国人民正确看待困难，勇于承受负担。同时，周恩来还强调解决通货膨胀问题的办法。针对当时整个市场的混乱，他同主管经济工作的陈云副总理经过认真研究和调查，精心制定了稳定物价和统一财经的各项措施。

针对物价高涨之风，首先打响了稳定物价的两大战役——银元之战和米棉之战。

当时，中央人民政府规定：以中国人民银行发行的人民币为唯一货币。中央政府要求各地军管部门和政府，命令严禁金条、银元、美钞在市场上自由流通。但投机资本家对政府法令置若罔闻，继续扰乱金融市场，本已命令停业的旧上海证券交易所，实际上成了半公开的银元投机指挥所。上海有人还扬言："解放军进得了上海，人民币进不了上海。"他们拒用人民币，进行黄金、银元的投机倒把活动，严重影响了金融市场和人民币的信用。为了制止银元投机，稳定市场，周恩来派陈云协助上海市长陈毅，整顿这个全国最大城市的金融市场，首先打响了"银元之战"。1949年6月10日，上海军管会出动军队，包围了投机商人从事金融投资的大本营——上海证券大楼，逮捕了主要投机分子200余人，同时取缔了地下钱庄。这样做稳定了市场，树立了人民币在上海的地位。

继"银元之战"后，中央针对投机商人囤积物资、哄抬物价打响了"米棉之战"。当时，投机商们放言："只要控制'两白一黑'（大米、棉纱、煤），就能置上海于死地。"1949年11月5日，中央财经委召开会议，周恩来出席会议。会议决定在上海、北京、天津、武汉等大城市准备充足的粮食和纱布等主要物资。1949年末，当投机资本再一次哄抬物价时，在中央政府统一布置下，各大城市一起行动，对主要物资先抛后收，使投机资本措手不及，遭到了毁灭性打击。此后，国营公司掌握了市场的主动权。从1950年3月，各地物价便陆续稳定下来。事后，一位资产阶级代表人物说："6月银元风潮，中共是用政治力量压下去的，此次则仅用经济力量就稳住，是上海工商界所料不到的。"

稳定物价的斗争，实际上是社会主义国营经济同投机资本家争夺市场领导权的斗争。周恩来在事后写给中央的总结报告中指出："事实证明，对投机活动的斗争需要经济手段和行政手段密切配合。对违反国家法令、损害国家和人民利益的非法活动，在政治上应予以打击。同时还必须采取经济的办法，靠壮大社会主义国营经济的实力，掌握足够数量的物资，才能够在市场上战胜投机势力以平息涨风。"

稳定市场、控制物价是同实行全国财政经济的统一管理相结合进行的。1950年3月3日，政务院颁布了《关于统一国家财政经济工作的决定》。这个决定包括三个方面的内容：第一，统一全国财政收支，是国家收入的主要部分统归国库，集中使用于国家的主要开支；第二，统一全国物资调度，使国家掌握重要物资，把粮食、棉布、工业器材等从分散状况集中起来，以便调剂供求和控制市场价格；第三，统一全国现金管理，减少市场上货币流通的数量，增加国家能够运用的现金。这三个统一，使全国的财力物力统一集中于中央，对于扭转当时的财政经济困难起了重大的作用。

二、以水利和铁路的修复、建设促进工农业的恢复

通过中央政府稳定物价、统一财经的各项措施，到1950年4月，物价趋于稳定，我国的财政经济情况开始好转。那么，恢复国民经济的工作从何入手？周恩来经过反复权衡，在做好全面安排的基础上，确定把水利和铁路作为恢复工农业生产的重点之一。

1950年9月14日，抗美援朝战争前夕，周恩来就说过：今年皖北淮河一个水灾，3100万亩土地淹没了，900万人口遭灾，加上河南等地有六七千万亩土地受灾。毛主席说从明年起

一定要把水害一条条地治下去，把水害变成水利。铁路只有16000多公里，要把铁路网连起来，使农村和城市的生产可以交流，城乡交流，内外交流，才能使工业恢复而且发展。单铁路和水利就要花很大力量。朝鲜停战谈判开始后半个月，周恩来在政务会议上提出："水利工作是密切关系着单位面积增产的。交通是关系着城乡交流的。因之，对水利、铁路两部门要特别注意。"不久，他又说："我们要恢复经济从哪里着手呢？""兴修水利和兴修铁路这两项工作是为我们工农业发展开辟道路的工作。"

水利是关系农业发展，直接影响人民生命财产安全的大问题。周恩来担任总理，最关心的一件事就是水利。他亲自领导治理水患，加大水利建设。建国之初，淮河是周恩来部署治理的第一条河流。1950年夏，淮河发大水，人和蛇都逃到树上，有的人被蛇咬死。毛泽东主席写了四封批示信给周恩来总理，请他具体部署、落实，根治淮河水患。周恩来提醒秘书们，只要有淮河水情的报告，随到随送，不准耽搁。1950年7月22日，他邀请有关人员讨论治淮问题，8月25日到9月12日，在他的指导和参与下，水利部召开治淮会议。淮河的治理涉及到河南、安徽、江苏三省的地方利益，在意见不一致的情况下，周恩来反复召集各单位负责干部讨论、协商，开大会解决问题达六次之多，会下还个别谈话，征求意见。在综合各方面意见的基础上，周恩来兼顾淮河上中下游各地区的利益，提出了蓄泄兼筹，以达根治的治淮方针。即上游应筹建水库，以拦蓄洪水发展水利为目标；中游蓄泄并重；下游开辟入海水道，以利宣泄。10月14日，政务院发布由周恩来主持制定的《政务院关于治理淮河的决定》，阐明了治淮的方针、步骤、机构、豫皖苏三省的配合、工程经费、以工代赈等问题，确定了淮北大堤、运河堤防、三河活动坝和入海水道等大型骨干工程。当大规模治淮工作将要全面开展时，1951年1月，他在政务会议上说：水可用以灌溉、航行，还可用以发电。治水是为了用水，从现在的蓄泄并重，提高到以蓄为主；从现在的防洪防汛，减少灾害，提高到保持水土，发展水利，达到用水的目的。这一年，全部水利投资和贷款共达一亿美元，仅次于铁路而居于经济建设投资的第二位。淮河的治理与水利工程建设大大促进了当地农业的恢复与发展。

　　1952年，为了防止长江洪水造成的灾害，保障洞庭湖滨湖地区和江汉平原人民生命财产的安全，开始兴建荆江分洪工程。周恩来对这项工程十分重视，因为堤坝一旦决口，长江就会成为第二个淮河。周恩来亲自写信给中南局书记邓子恢同志，主张荆江分洪，避免水淹武汉。并请邓子恢召集中南局会议，由邓老向湖北元老张难先和湖南元老程潜做说服工作。不久，两省都同意了。工程开工后，湖南还特地派出慰问团慰问工地民工。这些工作，都是由周恩来总理亲自过问和安排的。

由于多年战争的破坏，我国建国初期的交通运输几乎处于瘫痪状态。尤其是铁路，几大铁路干线无一可以全线畅通。交通的梗阻直接严重的后果就是影响城乡物资交流。城市人民生活的必需品严重缺乏，工厂原料不足，处于半停产状态。农村的农产品和工业原料不能及时运到城市和工厂。铁路方面，首先是抓修复工作，特别是津浦、京汉、粤汉、陇海、同蒲、京绥等干线的修复，包括抢修被国民党军队在撤退时破坏的淮河大桥、湘江大桥、珠江大桥等。到1949年底，铁路里程的80%已经通车，对保证解放战争的胜利结束和活跃城乡的物资交流发挥了重要作用。

1951年，又着手兴修三条新的铁路：成渝（成都到重庆）铁路、天兰（天水到兰州）铁路和从柳州到镇南关（后改名睦南关）的铁路。当时担任铁道部副部长的吕正操回忆道：建国以后，新修的第一条铁路是成都至重庆的成渝铁路。四川这么大，解放前连一条铁路也没有。总理亲自审查设计方案，1951年动工，1952年6月修成，只用了一年多时间。成渝铁路全线通车时，《人民日报》发表了周恩来的题词："修建铁路，巩固国防，发展经济，改善人民生活。"这几条铁路的兴修，对活跃西南、西北的物资交流，改善我国铁路布局，起了重大作用。到1952年，全国共修复铁路10000多公里，新建铁路1267公里。

三、统筹部署，兼顾各方面经济关系

建国初期，面对国民经济严重困难，百业待兴的现状。1949年12月23日，周恩来在《当前财经形势和新中国经济的几种关系》的报告中谈到要正确处理新中国面临的六种经济关系——城乡关系、内外关系、工商关系、公私关系、劳资关系、上下关系。这是周恩来对于恢复国民经济与新民主主义经济建设的重要思想。其中正确处理城乡、工农关系，是建国初期能否迅速恢复国民经济的重要一环。

在城乡、工农关系上，周恩来主张并贯彻城市领导乡村、工业领导农业的方针。周恩来对此指出：城市领导乡村、工业领导农业是社会发展的一种必然趋势，资本主义社会就是如此，社会主义社会更是如此。而且应注意到城市对粮食和工业原料的需要会刺激乡村的农业生产。同时，周恩来提出了以农业为基础的思想。他指出农业是恢复发展国民经济的基础，无论什么时候都不能取消或忽视乡村这个广大的农业基础，谁忽视了农民和农业，谁就要犯错误。目前的任务首先要恢复农业生产，然后再进一步发展农业生产。我们必须在发展农业的基础上发展工业，在工业的领导下提高农业生产的水平。没有农业基础，工业不能前进；没有工业领导，农业无法发展，要认识这样一个辩证关系。

对农村，周恩来最关心的是：已完成土地改革的广大地区，如何增加农业生产和提高农民生活水平。在政务会议上，他很动感情地说："土改初过，农民更怕冒尖，这时要提倡增产，要他发家致富。过去土地不是他的，他终年辛苦不得温饱，吃的是半年糠菜半年粮，多少年来他们是那样渴望着改善自己的生活。现在土改了，土地是属于他的了，他既然有了改善生活的可能，自然在增产之后就首先改善他自己的生活，这是可以理解的，也是合理的。也只有使农民生活有所改善，才能鼓舞他们更好地去增产。""爱国主义与发家致富并不矛盾。他增产了，对他自己有利，也对国家有利。"他强调说：

"首先是解决缺乏问题，在不缺乏的基础上才能解决其他问题。陈（云）副总理刚才讲得很对，今天应该是不怕农民发财，东西多了总比东西少了好。"

对城市，周恩来总理特别重视工业生产的发展。他向工业会议等代表作报告时指出土地改革后，农村生产力发展了，购买力提高了。农民一方面能供给城市以工业原料和粮食，另一方面到城市里来也要有东西可买。"所以，城市工作的中心就是生产力的提高，依靠工人阶级，团结各民主阶级，努力提高生产，发展生产。"他说："发展工业生产，首先是轻工业生产，从公家到私人都可以发展。""农民购买力提高了，轻工业必然要发展，而这个轻工业的发展是很快的，因为资金的积累需要不大，利润收进来得又快。不像重工业，投资以后利润来得慢，这一点公家要搞，这是全国工作中很重要的一环，这一个生产现在还不多。"他还要求各经济部门加强调查、勘察和统计工作，努力搜集资料，同时积极培养并集中人才，包括从工程师到技术人员，为即将到来的大规模经济建设做准备。几天后，周恩来在政务会议上再一次强调在现阶段要多发展轻工业。他说："重工业固然要搞，轻工业在今天还要多些才行。不仅私人要搞轻工业，国家也需要搞轻工业。只有这样，才能适应农村的需要，才能更快地积累资本，建设城市。今天发展轻工业是为百年大计准备条件。城乡互助、内外交流很重要，此中以城乡互助为重点。能这样，血脉才流通，资本才能积累。""要在统一领导和统一政策下，发挥地方的积极性。"

接下来，周恩来总理主持下的政务院又领导进行了新解放区的土地改革、三反五反运动，以及对私营工商业的调整。从新中国建立到1952年底，经过三年的艰苦努力，国民经济得到全面恢复并有所发展。随着工农业生产的恢复，我国人民生活有了明显的改善和提高。可以说，我国国民经济恢复时期取得的每一个成就都凝聚了周恩来总理的大量心血。

第二节　领导编制第一个五年计划

一、国内筹备工作

随着国民经济的恢复和初步发展，我国从1953年起开始执行发展国民经济的第一个五年计划。这个计划是根据我国的实际情况，参照前苏联的经验，在中共中央的领导下，由周恩来、陈云、李富春等主持编制的。这个计划早在1951年就着手进行编制工作，经过多次修改和补充，最后由1955年召开的第一届全国人民代表大会第二次会议正式通过。

1951年2月，中共中央政治局举行扩大会议。会议决定自1953年起，实行发展国民经济的第一个五年计划，并要求立即着手进行编制五年计划的各项准备工作，争取在22个月（即从1951年2月到1952年底）的时间内完成试编工作。经周恩来同志提议，成立了一个六人领导小组加强领导。小组成员有：周恩来、陈云、薄一波、李富春、聂荣臻、宋劭文。当时，周恩来任中央人民政府政务院总理，全面主持我国的内政外交工作，陈云是政务院副总理兼中央财政经济委员会主任，薄一波、李富春是中财委副主任，聂荣臻是代总参谋长，宋劭文是中央财经计划局局长。这六人小组负责编制发展国民经济的第一个五年计划。

建国初期，我国工业落后，基础薄弱，我们连一辆坦克、一架飞机、一门高级的大炮和一辆汽车都不能造；工业结构和工业布局也十分不合理。重工业产值极低，且门类残缺不全，互不协调，没有独立的机器制造业，现有工厂只能从事修理和装配。工业部门都集中在东北和沿海几个城市。所以，为了尽快把我国由落后的农业国变为先进的工业国,中央指出,今后的五年,即1953年至1957年,是我国长期建设的第一阶段,其基本任务是:为国家工业化打下基础,以巩固国防,提高人民的物质与文化生活,并保证我国经济沿着社会主义道路前进。根据毛泽东以重工业为中心的意见,明确五年建设的方针为:(一)工业建设以重工业为主,轻工业为辅。重工业优先建设钢铁、煤炭、电力、石油、机械制造、军事工业、有色金属及基本化学工业。轻工业优先发展纺织、造纸和制药工业。(二)工业的建设速度,在可能的条件下,力求迅速发展。(三)工业的地区分布,应有利于国防和长期建设,并且结合实际情况,充分发挥东北及上海原有工业基地的作用,继续培养与利用已有工业基础与技术条件,为建设新厂矿、新工业基地创造条件。(四)铁路建设以沟通西南、西北和中南为主要任务,以适应在国防安全条件下长期建设的需要。

六人小组以周恩来和陈云为首,由陈云具体领导。在周恩来的督促下,中财委加紧研究制定"一五"计划的方案。刚开始时,困难很多。因为对全国资源情况掌握很少,缺乏经验及统计资料,朝鲜战争还在进行,再加上苏联帮助中国建设的重点工程项目的主要部分还没有确定下来。因此,要在短时间内完成长期计划的编制工作是不可能的，只能边建设，边编制。在周恩来的领导下，根据中央的五年建设方针，中财委首先确定编制第一个五年计划总的指导思想：经济建设要确实保证重点；建设的规模和速度，要按实际需要和财力、物力、人力条件的可能进行安排，并且配套建设；第一个五年计划应同第二个五年计划相衔接。

就这样，在陈云的直接负责下，通过汇总、研究、讨论，到1952年6月，各大区和各工业部门上报的经济建设指标已经汇总到中央财经委员会（简称中财委）。根据这些指标和中国人民渴望早日告别贫困落后状况的愿望，中财委根据各大区和各工业部门上报的经济建设指标，按部门和行业划分很快试编出了《一九五三年至一九五七年计划轮廓（草案）》及其《总说明》。六人小组成员宋劭文后来深有感触地回忆：在这个草案中，对我国钢铁、机械、煤炭、石油、电力、化学、电器制造、轻纺、航空、坦克、汽车、造船等工业，提出了具体建设指标和要求，对重大水利、铁路、桥梁建设也做出总体规划。通过"一五"计划，拟扩（改）建与新建若干个重工业区，初步形成了我国工业建设的新框架与大致合理的布局，体现了优先发展重工业的思想。"一五"计划轮廓（草案）尽管比较粗略，但作为我国第一个中长期经济发展计划的雏形，不仅为我国政府与苏联政府谈判援助我国第一个五年计划项目提供了基本依据，而且也为我国即将展开的有计划的大规模经济建设勾画出一幅宏伟的蓝图。

此时，作为编制"一五"计划的主要负责人，周恩来深知此工作的重要性，且时间紧迫，自己应全力投入。1952年7月10日，他向毛泽东和中共中央提出调邓小平到京，主持一个时期。当天，毛主席批示同意。这样，周恩来就能全力来思考怎样在中国这块大地上开展大规模经济建设这个问题。他考虑问题既有广度又有深度，并且细心权衡它们之间的关系。8月11日，周恩来亲自写成了《三年来中国国内主要情况及今后五年建设方针的报告提纲》。同时，他亲自主持起草的《中国经济状况和五年建设的任务（草案）》也完稿。《任务》的基本内容有五项：一、中国经济概况；二、五年建设方针；三、五年建设的主要指标和主要项目；四、长期建设的准备工作；五、请苏联援助事项。这两份文件完成以后，周恩来开始做访问苏联的准备事项。这时，接替他的邓小平也正在赴京途中。

按周恩来的安排，邓小平从西南重镇重庆来到北京，就任政务院副总理。邓小平刚到北京，周恩来就在8月13日下午找他谈话，除表示诚挚的欢迎外，目的只有一个，周恩来赴苏期限只剩两天，必须在离京前向邓小平交代政务院的工作。有了邓小平代理总理职务，周恩来心里踏实多了。

二、出访苏联

进行有计划的经济建设，中国没有这方面的先例，更谈不上经验。只能向世界上第一个社会主义国家苏联学习。而且当时国际环境对中国极为不利，以美国为首的西方各国对新中国采取政治上孤立、军事上包围、经济上封锁的政策。所以，建国之初，我们制定了"一边倒"外交方针，中国坚定地同苏联站在了同一战线上。正因为如此，中国的社会主义建设只有一条途径：向苏联学习并争取苏联的援助。

在一切准备工作完成后，1952年8月15日，以周恩来为团长，陈云、李富春同志为副团长的中国政府代表团前往莫斯科，与苏联政府商谈援助中国第一个五年计划建设问题。这是新中国建立后他第二次以公开身份对苏联的访问。这次代表团阵容庞大，包括政府很多部，如工业、农业、林业、军事部门的主要负责人。当时因我国还没有自己的民航飞机，苏联政府特意派遣了三架军用飞机和一架民航飞机，专供接载中国政府代表团。飞机由北京起飞，沿中国东北、苏联伊尔库次克和新西伯利亚，飞往莫斯科。一路上，周恩来总理与大家谈笑风生，机舱里的气氛十分融洽。所有随行人员都亲身感受到周恩来总理是一个平易近人、和蔼可亲的人。限于飞行条件，飞机飞了两天，1952年8月17日，周恩来一行才抵达莫斯科。在莫斯科机场，中国代表团受到前来迎接的苏联党政领导人莫洛托夫、米高扬、布尔加宁、维辛斯基等人的热烈欢迎。

周恩来总理对工作非常认真负责，重大事情，事必躬亲。抵达莫斯科以后，总理又将准备提交苏联政府讨论的"一五"计划轮廓（草案）及总说明等几本小册子，详细地重新审阅了一遍，逐字逐句，甚至连标点符号都不放过，凡有错误的地方，都圈圈点点做了改正。审阅当中，发现林业采伐、造林和木材蓄积量计划数字核对不上，在这个节骨眼上出问题，是周恩来不能容忍的。他拿起电话，要通了代表团其他成员的住地，严厉地批评了负责此事的柴树藩："年轻人对待工作应该尽职尽责，一点疏忽和差错都是绝对不能容忍的。"总理的这番批评非同小可，柴树藩立即找来有关人员对这些数字进行了重新核对并改正过来。数字虽已改正，但柴树藩心中的内疚却很深，心理负担沉重。令人意想不到的是，第二天周总理来到中国政府代表团团员下榻的宾馆，与大家共进午餐。餐厅服务员给周总理送来一瓶白兰地酒。周总理亲自斟满两杯，站起身走到一天前批评过的那位同志面前，递给他一杯，并微笑着说："昨天我批评了你，以后要细心一些嘛！不要把这么重要的数字搞错！来，现在我敬你一杯酒，祝你今后工作得更好！"就这样，经周总理简单自然的一席话、一杯酒，一下子就缓和了一天前那件不愉快的事情造成的紧张沉闷的气氛。大家深深为周总理严谨的工作作风和高超的领导艺术所折服。

苏联方面对以周恩来为首的中国代表团此次来访高度重视，在一个多月的时间里，斯大林先后同周恩来、陈云、李富春等进行了三次会谈。1952年8月20日，斯大林在克里姆林宫设晚宴招待了以周总理为首的中国代表团。双方在一片友好轻松的气氛中举行了第一次会谈。会谈中，周恩来向斯大林详细介绍了中共中央对朝鲜战局和国际形势的看法以及中国代表团将同苏方商谈的有关问题。同时，斯大林表示苏联方面已经指派了一个由莫洛托夫牵头，有米高扬、布尔加宁、维辛斯基等人参加的委员会，同中国代表团具体商谈双方合作事宜。8月23日、8月28日，周恩来先后将《三年来中国国内主要情况及今后五年建设方针的报告提纲》《中国经济状况和五年建设的主要任务》《中国国防军五年建设计划概要》等文件的俄译本送交斯大林和参加会谈的苏联政府代表团。

为提高效率，也使自己和陈云、李富春有更多的时间来考虑并研究解决一些急需处理的重大问题，周恩来把中国代表团工作人员按业务性质、工作关系分为若干相应的组，让各组分头同苏方各有关部门直接商洽，进一步深入地研究苏联援助中国的具体项目。1952年9月3日，斯大林第二次与周恩来等人会谈，莫洛托夫（部长会议第一副主席）、维辛斯基等参加会见。这次会谈的中心主题是中国的第一个五年计划。周恩来先是介绍了新中国成立三年来所进行的主要工作，并着重介绍第一个五年计划的方针和基本任务，希望苏联政府在地质勘探、设计、工业设备、专家援助和技术资料等方面给予帮助。斯大林在谈话中表示：中国第一个五年计划的设想给我的印象是好的，中国正在发展。他也提出一些意见：认为中国确定的20%的年工业增长率有点高，要不要在20%的年增长率下留有些余地，按照一定可以办到的原则来做计划，不留后备力量是不行的。所以，斯大林建议我国工业建设的年增长速度定在15%。对合作问题，斯大林表态苏联政府愿意帮助中国制定"一五"计划，愿意为中国实现第一个五年计划提供所需要的技术、设备、贷款等援助，并派专家到中国帮助建设。

三、回国后继续密切关注会谈进展

由于苏联援助中国的其他项目，还需进一步详细研究、核算，在时间上至少需要两个月。而国内千头万绪的工作不容许周恩来在国外停留过久。1952年9月15日，中苏双方经过近一个月的谈判，取得了一定的成果。之后，周恩来又用一个星期的时间对中国代表团在莫斯科下一步的工作做出了详细安排。9月22日，周恩来、陈云、粟裕等离开莫斯科回国。李富春仍留在莫斯科，代理代表团团长职务，就中国要求苏联提供的各援助项目继续同苏方逐项具体磋商。离开苏联以前，周总理亲自将他经手办理的与苏方往来的有关文件逐一清点，移交给李富春同志的秘书吴俊扬同志。

9月24日，周恩来平安回到北京。当天就向中共中央书记处汇报了代表团就"一五"计划轮廓问题同苏联方面商谈的情况。会议根据苏联方面的一些意见，继续讨论"一五"计划的方针和任务。虽然离开了莫斯科，但周恩来仍然继续密切关注和直接过问中苏双方在莫斯科的会谈进程。苏联国家计委极为重视，曾组织人员，集中力量，着重审查中国第一个五年计划和要求援助的项目。中国代表团团员则分头向苏联有关部、局介绍情况，交换意见。针对苏联方面详细地审查了全部的地质资料，周总理和陈云同志于1952年10月~1952年11月间特地派遣地质部副部长宋应同志到莫斯科接受咨询，并再度让柴树藩同志到莫斯科协助沈鸿等同志参与谈判。由于中国方面要求援助的项目达100多个，中苏双方进行过多次小组会谈和高级磋商，在充分考虑到我国的地质情况、技术水平、生产能力等基础上，一个项目、一个项目地予以落实，这就需要很长时间。但只要是重大问题李富春同志都直接打电报请示党中央。每次周总理都及时、仔细地审阅这些电报，并与中央其他领导同志研究，之后以最快的速度给予明确指示和答复。

1952年3月5日，当谈判还在进行中时，斯大林逝世了。1953年3月8日，周恩来专程赶赴莫斯科，代表中国共产党和政府参加斯大林的葬礼。周总理利用工作间隙，抽出时间，于3月10日和11日连着两天听取了李富春等人汇报中苏双方关于中国第一个五年计划轮廓（草案）的商谈情况。接着，周总理又同马林科夫、莫洛托夫、米高扬等苏联领导人会谈，就中国第一个五年计划等有关问题交换了意见。

1953年3月24日，周恩来离开莫斯科回国，李富春等人又继续同苏联方面进行了一个多月的洽谈。到四月底，历时8个多月的艰苦工作，凝聚了周恩来大量心血的苏联援助中国的第一个五年计划建设的会谈基本结束。1953年5月15日，由李富春和米高扬分别代表中苏两国政府签订了《关于苏联政府援助中国政府发展中国国民经济的协定》。根据这个协定，1953年至1959年，苏联将援助我国建设与改建91个规模巨大的工业项目，加上1950年签约援助我国的50个项目，共141个项目。1954年10月，苏联政府接受我国政府的请求，又追加援助15个项目。这样三批加在一起，"一五"期间，苏联援助我国总共156个重点项目（简称156项）。这些项目包括：6个大型钢铁联合厂，14个有色金属冶炼加工厂，32个机器制造厂，18个动力及电力机器设备制造厂，26个国防工厂，23个煤矿，22个电站，1个炼油厂，3个制药厂，1个造纸厂。协定规定，苏联政府每年接受我国1000名实习生（包括管理人员、技术人员和工人）培训，并向我国派出5个专家组、200名设计专家、50名地质专家帮助建设。苏联负责提供生产各项产品所需的制造特许权及技术资料，承担70%~80%的设计工作，供应占总价值50%~70%的设备。中国方面，负责20%~30%的设计工作，承担价值30%~50%的设备制造，包括项目配套所需的辅助性的半制成品和成品材料。这156个大型重点工业企业项目的设计与实施，为中国实现初步工业化做出了重要贡献。

第三节　开创新中国外交工作的新局面

一、率团出席日内瓦会议

新中国成立后，国家在大力恢复和发展国民经济的同时，积极开展外交工作，从而为自己赢得一个和平、友好的国际外部环境。作为新中国的总理兼外交部长，周恩来是新中国外交事业的奠基人和开拓者。他为开创新中国的外交事业做出了杰出的贡献，他不仅永远被中国人民所敬仰，更是国际上公认的最完美、最有影响的外交家。

1953年朝鲜战争结束后，亚洲的紧张局势开始有所缓和。同时，得到中国大力支持的越南民主共和国，对法国的殖民侵略军进行了坚决的斗争，并在1954年取得决定性胜利。在这一大背景下，1954年初，经过苏联的努力，苏、美、英、法四国外长会议决定：1954年4月在日内瓦举行有中国、苏联、美国、英国、法国和其他有关国家出席的国际会议，集中讨论朝鲜问题和印度支那问题。这是新中国成立后，首次以五大国之一的地位和身份参加讨论国际问题的一次重要会议。中共中央对这件事情十分重视。专门开会研究参加这次会议的原则、方针等问题。作为总理兼外交部长的周恩来，更是认真对待。当他获悉我国被邀请参加会议的消息时，就开始挤出相当的时间，亲自挂帅，作周密细致的考虑。随后他进行了一系列的准备工作：确定代表团的人选；指导干部收集、熟悉、研究朝鲜和印度支那的情况及参加会议各国的态度、动向等必要的材料和问题等；指导、检查代表团的全部工作。1954年4月1日，周恩来飞往莫斯科，代表中国政府与苏联领导人就日内瓦会议的方针、原则等重大问题提前进行了磋商，交换了意见。一切准备做好后，4月19日，中国政府正式任命周恩来为出席日内瓦会议代表团的首席代表，外交部三位副部长张闻天、王稼祥、李克农为代表。

1954年4月21日，周恩来率领中国代表团全体工作人员先抵达莫斯科。外贸部的雷任民率领一大批外贸工作人员随代表团出国，这是周恩来计划利用出席日内瓦会议的机会，开展我国同西欧与世界各国进行贸易的探索。在莫斯科停留两天，听取苏方人员介绍同西方国家开展外交的经验及工作方法。4

月24日下午，中国代表团抵达日内瓦。因为这是中国领导人第一次亮相国际舞台，所以很快成为各国记者及新闻媒体关注的焦点，他们都在拭目以待这位新中国外交部长在这次国际会议上的表现。同时，先后到达的其他国家外长有美国国务卿杜勒斯、苏联外交部长莫洛托夫、英国外交大臣艾登、法国外交部长皮杜尔等。

1954年4月26日，日内瓦会议正式开幕，会议首先讨论朝鲜问题，这是当时导致远东及国际紧张局势的热点问题。参加国有19个，首先由朝鲜民主主义人民共和国外务相南日首先发言，提出了和平解决朝鲜问题的方案，其中提到一切外国武装力量在6个月内撤出朝鲜。但是，在会上，美国国务卿杜勒斯伙同南朝鲜代表，从一开始就强烈阻挠问题的解决。并且杜勒斯这个人极端敌视中国及中共，他竟然亲自下令：禁止美国代表团所有工作人员同任何中国代表团人员握手。1954年4月28日，周恩来在会上首次发言，全面阐述中国政府对亚洲问题、特别是朝鲜问题和印度支那问题的立场，谴责美国在亚洲的侵略政策和战争政策，支持南日外长提出的和平解决朝鲜问题，恢复朝鲜国家统一的三项原则。周恩来的发言，使部分西方国家代表看到中国政府维护亚洲及世界和平的真诚愿望，也受到西方新闻媒体的普遍好评。这期间,周恩来与苏联外长莫洛托夫及朝鲜外务相南日密切配合,多次作重要发言并提出建议。但由于美国无意和平解决朝鲜问题,顽固坚持不解决问题的立场,导致解决朝鲜问题的全体会议召开达十多次,仍毫无进展。6月15日这一天,日内瓦会议召开关于解决朝鲜问题的最后一次会议。朝、中、苏三国外长相继发言,发起了又一场维护和平的攻势。以美国为首的联合国军十六国,在美国的操纵下,提出了一个《十六国共同宣言》,声称会议继续考虑与研究朝鲜问题是不能产生有用的结果的。在会议即将无果而终的关键时刻,周恩来当机立断,严肃而平静地说道:中国代表团不同意联合国军方面有关各国提出的《十六国共同宣言》的态度和立场,我们对这个《十六国共同宣言》断然要停止会议表示极大的遗憾。并指出情况虽然如此,我们仍然有义务对和平解决朝鲜问题达成某种协议。紧接着,周恩来提出了一个两句话的紧急建议:"日内瓦与会各国达成协议,它将继续努力以期在建立统一、独立和民主的朝鲜国家的基础上达成和平解决朝鲜问题的协议。关于恢复适当谈判的时间和地点问题,将由有关国家另行商定。"最后,他指出:"如果这样一个建议都被联合国军有关国家所拒绝,那么,这种拒绝协商和和解的精神,将为国际会议留下一个不良的影响。"周恩来的一席话立刻引起与会代表的强烈反应,他们都充分感受到了周恩来诚恳的态度及他讲话的分量。十六国之一的比利时外长斯巴克首先响应周恩来的意见。大多数西方国家的代表都或明或暗地表示同情或赞同,只是不敢公开违背美国代表的意志。眼看周恩来的建议就要通过了,这时,美国代表史密斯只好自己站起来,招手示意反对。史密斯以未经请示美国政府为由,拒绝同意周恩来的建议。周恩来再一次发言,他对比利时外长的和解精神感到满意,对美国的阻挠进行了揭露,同时要求把他刚才的发言记入会议记录。

关于朝鲜问题的讨论,尽管因为美国代表的破坏没有达成协议,但意义还是重大的。正如会议主席英国外长艾登所说的那样,再打起来的可能性很小了。周恩来以他高超的外交艺术向其他各国阐明了中国的和平外交政策,扩大了新中国在国际上的影响。他个人的才能与魅力也赢得了无论是朋友还是对手的一致交口称赞。

恢复印度支那的和平问题是日内瓦会议的另一大议题。时间是1954年5月8日到7月21日,会议的参加国有中、苏、美、英、法、越南民主共和国和法兰西联邦印度支那3个成员国——越南（南越）、老挝王国和柬埔寨王国共9个国家。越南、老挝和柬埔寨原是法国的殖民地，印度支那这个称谓是法国殖民者19世纪中后期入侵这个地区后取得的。太平洋战争之后此地被日本所攻占。1945年8月日本投降后，当年9月越南人民在胡志明领导下，建立了越南民主共和国。可是，20多天后，法国为了重新实行它对这一地区的殖民统治，不承认越南民主共和国，并对越南发动了殖民战争，战火燃及老挝和柬埔寨。胡志明领导越南人民进行了将近9年的抗战。1950年以后，法国远征军屡遭失败，急欲从越南脱身。1954年5月7日，就在印度支那问题开会的前一天，从越南战场传来了奠边府大捷的喜讯。这一军事上的胜利有利地配合了日内瓦会议的外交斗争，为恢复印度支那和平的谈判成功创造了有利条件。在这一进程中，周恩来同样进行了大量卓有成效的外交工作，打破了僵局，为最终实现印度支那停战做出了突出的贡献。

这次会议谈判的主要问题是停火、划区、监督和国际保证。关键是前两项：先实行停火，然后划区（南北划界）。谈判的主要对手是法国，不仅如此，美国企图通过参与干涉，逐步取代法国在印度支那的地位，再加上与会国之间矛盾复杂，这些都增加了解决问题的困难。最初，由于主战的法国代表缺乏诚意，歪曲历史事实，坚持其无理要求，致使几次全体会议都陷入僵持状态。为打破僵局，周恩来一方面在会上全面阐述中国政府和平解决的原则立场，一面积极推动英国外长艾登做法国代表的工作。在与艾登的秘密会谈中，周恩来坦率地表明，中国不愿意看到老挝、柬埔寨成为美国的军事基地来威胁中国，中国对这种情况是不能置之不理的。1954年6月12日，法国拉尼埃政府倒台，17日，主和派的孟戴斯－弗朗斯担任总理并自兼外长，亲自率代表团到日内瓦参加会议，孟戴斯－弗朗斯在就职声明中许诺，如果到1954年7月20日不能解决印度支那停战问题，他就向法国国民议会辞职。孟戴斯－弗朗斯的态度使后来的会议进展明显加快。这样，经过周恩来的一番努力斡旋，1954年6月19日，会议顺利通过了《关于在柬埔寨和老挝停止敌对行动的协议》。

从6月19日起，日内瓦会议休会20天。休会期间，周恩来大力推动印度支那三国的直接接触。6月20日和21日，分别邀请柬埔寨和老挝代表到中国代表团驻地会晤。推心置腹地交谈，使对方都充分感受到中国政府作为大国对小国的尊重。会晤中，周恩来表示愿意帮助他们之间建立联系，并于6月21日晚邀请印度支那三国代表举行宴会。这次宴会为三国消除彼此敌意，融洽感情，并最终达成协议架起了一座桥梁。

从1954年6月下旬开始，周恩来全力以赴为解决越南南北分界线问题而忙碌。同样在休会期间，6月23日，周恩来与法国新总理孟戴斯－弗朗斯在瑞士伯尔尼会面。会谈进行了两个小时，双方坦率地交换了对恢复印度支那和平问题的意见。周恩来的真诚态度也给孟戴斯－弗朗斯留下了深刻的印象。两人的这次会晤是日内瓦会议开会以来最重要的一次会晤。后来，1976年1月周恩来逝世时，孟戴斯－弗朗斯有腿伤，由他夫人开车，亲自到中国驻法国大使馆吊唁。可见他对周恩来的敬仰。

与法国总理会晤之后，周恩来利用休会机会，应邀访问了印度、缅甸，向两国领导人通报了日内瓦会议的情况。1954年7月3日至7月5日，周恩来在柳州与越南民主共和国领导人胡志明进行了八次会谈，交换关于印度支那和平问题的意见。7月6日，周恩来回北京向中央详细汇报。7月10日，周恩来又到莫斯科同苏联领导人会谈。7月12日，周恩来经莫斯科回到日内瓦。紧张的谈判之中，即使休会，他也未能好好休息。从7月13日日内瓦会议复会后，周恩来往来于英、法、苏、越、老、柬之间，同各方面接触、协调、商议。7月21日凌晨，交战双方终于达成停战协定，印度支那和平问题得到解决。

在日内瓦会议期间，除参加朝鲜问题和印度支那问题讨论外，周恩来还利用这次国际会议的平台改善中国与西方的关系，促进经济与文化交流，并取得良好效果。首先通过与英国外长艾登的对话交流，打开中戏贸易大门，打破美国的经济封锁。1954年4月30日，日内瓦会议刚开4天，在苏联外长莫洛托夫的安排下，周恩来同英国外长艾登第一次直接接触。交谈中，周恩来坚持原则又不失灵活的外交艺术征服了具有典型英国绅士派头的艾登。当艾登流露出要改善中英两国关系时，周恩来当即表示同意在日内瓦谈中国在英国建立代办处的有关事宜，并让随团同来的外贸部副部长雷任民与英方建立经贸联系。在双方的共同努力下，1954年6月17日，中国政府派遣代表驻在伦敦，其地位和任务与英国驻北京代办的地位和任务相同。就这样，中国向西方资本主义国家派了第一个贸易代表团，之后，比利时也松动了。这样，我国外交就以英国为突破口，打破了美国的封锁，打开了西方世界的大门。

历时三个月的日内瓦会议结束了，它让全世界通过周恩来的外交风采看到了新中国为维护世界和平、解决国际争端所做的努力与贡献。

二、出席亚非会议

新中国成立后，为了保证有一个和平、安定的周边环境，中国政府十分重视同新兴的亚洲、非洲民族独立国家建立睦邻友好关系。1955年4月18日至24日，由亚洲、非洲共29个国家举行的亚非会议在印度尼西亚风景秀丽的山城万隆召开，也称万隆会议。周恩来总理率代表团出席会议。这是中华人民共和国继日内瓦会议后参加的又一重要的国际会议。亚非会议是第二次世界大战后第一次没有西方大国参加的一次国际会议。它反映了获得民族解放后的这些第三世界国家要求和平、独立与合作的良好愿望。在这次会议上，周恩来总理鲜明地提出了"求同存异"方针，扭转了会议的僵局，推动着会议取得了圆满成功。亚非会议最后确定的促进世界和平合作的十项原则，实际上是周恩来1953年12月提出的和平共处五项原则的引申与发展。

召开亚非会议的主张，最先由印度尼西亚总理沙斯特罗阿米佐约在1953年8月提出。1955年1月15日，印尼总理代表五个发起国，热情邀请中国参加1955年4月在万隆召开的亚非会议。周恩来敏感地意识到这是新中国打开外交局面，增进国际交往和亚非各国建立友好关系的大好机会。1955年2月10日，周恩来代表中国政府复电印尼总理，欣然接受邀请。

参加会议的29个国家中的绝大多数国家的共同点是：都愿意在国际事务中有更多的发言权；都反对殖民主义，支持各民族自决和要求种族平等；都想要发展经济；都希望和平。这些共同点使他们能够坐在一起开会。但事情远非这么简单，由于亚非会议的宗旨同当时美国扩张侵略、称霸全球的对外政策是根本对立的，美国必然会站在敌对立场设法破坏亚非会议的召开。同时，参加会议的29个国家不但社会制度和意识形态不同，而且情况复杂。其中印度、缅甸、印度尼西亚、巴基斯坦、越南民主共和国和阿富汗同中国有外交关系，锡兰同中国只有贸易关系。其余22个国家，当时多数还同台湾国民党当局有外交关系，而且有的国家虽然没有参加美国操纵的组织，但在政治上受着美国的影响或控制，与社会主义国家有对立情绪。这就决定会议上必然要出现尖锐、复杂的斗争。

考虑到这些因素，周恩来从1955年2月份开始，像前一年准备日内瓦会议那样，立即精心着手亚非会议的准备工作。他主持研究与制定参加会议的方针与策略，并于4月初向中共中央正式提出《参加亚非会议的方案（草案）》等文件。周恩来提出:"我们在亚非会议的总方针应该是争取扩大世界和平统一战线,促进民族独立运动,并为建立和加强我国同若干亚非国家的事务和外交关系创造条件。"这期间,中国政府还通过外交途径同具体筹备亚非会议的印尼政府,就在亚非国家实行和平共处的五项原则交换了意见,并建议把五项原则作为亚非会议的指导思想。

这次会议中国派出了以周恩来为首席代表,陈毅、叶季壮、章汉夫、黄镇为代表的代表团。1955年4月7日,周恩来率代表团离开北京前往万隆。台湾国民党方面不愿看到新中国在国际上影响日益增大,采取各种手段进行破坏,并针对这次会议制定了谋害周恩来的计划,即在周恩来可能经过的香港启德机场对他的包机进行破坏。4月8日,周恩来到达昆明。当时,中国民航还没有远程飞机,代表团拟向印度航空公司租用一架"克什米尔公主号"飞机从香港飞印尼。原定4月11日周恩来、陈毅等人和工作人员一起乘包租的印度客机"克什米尔公主号"出发,这时突然接到缅甸总理吴努的电报,邀请周恩来先去仰光,以便先同几个主要参加国缅甸、印度、埃及等国的政府首脑会晤,研究一下会议的有关问题。这样,周恩来、陈毅等人又向印度租了一架飞机,改从昆明经缅甸飞印尼,安排一些工作人员和新闻记者乘"克什米尔公主号"按原定时间由香港飞印尼。

4月11日,台湾国民党特务机关指使在香港启德机场工作的特务周驹,预先在中国代表团包租的"克什米尔公主号"飞机右翼轮舱附近安放了定时炸弹,结果在这天中午12时15分飞机飞离香港约4小时后,在南中国海上空,炸弹击穿第三号油箱,从而引发无法控制的大火并导致飞机坠毁。中国和越南政府代表团工作人员和随同前往的中外记者11人全部遇难。由于周恩来因故没乘坐这架飞机,得以幸免。在危险面前,周恩来完全不顾个人的安危,仍决定前往万隆。

1955年4月17日,周恩来率领中国代表团到达亚非会议的所在地——万隆。4月18日上午,亚非会议在万隆独立大厦隆重开幕。大会的一开始,大多数国家的代表在发言中都表达了良好的心愿,诸如国与国之间的和平友好相处,促进世界和平及消除殖民主义等,会场上充满了和谐的气氛。但有几个国家的代表大唱反调,提出了反对共产主义的口号,说共产主义是一种"新式的殖民主义",借以对中国进行攻击,这种论调立刻使会议气氛紧张起来。周恩来这时只是静静地听着,他是那样镇定自若,应对的方案也已经酝酿成熟。针对各国代表的发言,会议的第二天,周恩来决定把原来准备的发言稿改为书面发言散发,而利用中午休会的短暂时间,亲自动笔另行起草了一个补充发言稿。

1955年4月19日下午,当大会主席宣布:"我现在请中华人民共和国的代表发言。"话音未落,整个会场响起一阵热烈的掌声。瞬间,照相机一起动起来,与会代表及各国记者都密切关注周恩来接下来会有怎样的发言,对代表的不同声音作何反应。只见周恩来总理从容地走上讲台,首先指出:"中国代表团是来求团结而不是来吵架的。我们共产党人从不讳言我们相信共产主义和认为社会主义制度是好的。但是,在这个会议上用不着来宣传个人的思想意识和各国的政治制度,虽然这种不同在我们中间显然是存在的。"他又说:"中国代表团是来求同的而不是来立异的。亚非绝大多数国家有着相同的命运,我们应该相互了解、尊重与支持,而不是相互排斥和对立。"周恩来鲜明地提出"求同存异"的方针,使会议的气氛一下子缓和了下来。针对两天来会议上有人提出的不同的思想意识和社会制度问题、宗教信仰自由问题、所谓颠覆活动问题,周恩来一一向大会阐明中国的立场和政策。为了不使会议陷入无休止的争论,周恩来在会上做出承诺,中国政府决定在会上不提台湾问题和中华人民共和国恢复联合国合法地位问题。他以十分诚恳的态度对与会者说:"我们是容许不明真相的人怀疑的。中国俗语说:'百闻不如一见'。我们欢迎所有到会的各国代表到中国去参观,你们什么时候去都可以。我们没有竹幕,倒是别人要在我们之间施放烟幕。"最后他说:"让我们亚非国家团结起来,为亚非会议的成功努力吧!"周恩来这个和解态度的发言,只有短短18分钟。他的发言一讲完,会场立刻响起了经久不息的掌声。当他讲完回到自己座位时,许多代表过来同他握手祝贺。跟随周恩来出席万隆会议的蒲寿昌说,他从来没有看到过这么好的文章。不仅仅是文字,主要是它的内容。他们后来在外交部都认为这是范文,没有那种公文式的套话,完全是既有原则性又有说理性,摆事实讲道理,对于所有的攻击一一答复,可是没有谩骂,指导思想就是最后很有名的一句话:求同存异。周恩来的发言使各国代表清晰地看到了新中国奉行和平外交政策的立场,是对打击中国的人的一个绝好的回击。就连有些在会上发表过攻击中国言论的代表也不得不承认周恩来的发言是出色的、和解的。一个美国人后来在报纸上说过这样一句话:"我是天然反共的,但是周恩来这个人我相信他。"

从4月20日起，亚非会议分成经济委员会、文化委员会和由各国代表团团长组成的政治委员会，进入实质性讨论。21日，在政治委员会讨论中，锡兰总理科特拉瓦拉又在会上大谈反对共产主义的话，还说到中国的威胁。科特拉瓦拉的发言又一次企图把会议引向歧途，并由此引发一场新的争论。印度总理尼赫鲁非常着急，主张推开这个议题。缅甸总理吴努起来呼吁大家保持和谐。周恩来支持尼赫鲁的观点，并于当天下午一散会，就找到科特拉瓦拉进行了私下对话。第二天，各国代表都认为会场会有一场激烈的争论。没想到，周恩来通过与科特拉瓦拉的私下交流，会上只作了简短发言。他在会上说：昨天，我已经在会外同锡兰总理交换过意见，没有必要在会议上讨论意识形态问题，因为这不是会议的目的。周恩来又一次缓和了会场的紧张局面。

讨论并确立亚非国家之间建立友好合作关系的共同原则是亚非会议的一项重要任务。但是，与会者又发生了争执。有的代表提出"和平共处"是共产党的名词，有的代表认为五项原则不止五项。4月23日上午，周恩来进行了一个半小时的长篇发言。他在发言中说："29个亚非国家在这里开会，一直呼吁和平，就证明我们所代表的，超过世界人口一半以上的人民是要和平和团结的。证明和平愿望是得到世界上多数国家和人民支持的，也证明战争是可以推迟甚至制止的。"既然要谈和平和合作，亚非国家就应该首先"撇开不同的思想意识，不同的国家制度"等问题，在亚非地区"进行国际合作，求得集体和平"。中国不赞成在世界上造成对立的军事集团，增加战争的危险。这样，"我们首先应该确定一些原则，让我们大家来遵守，不进行扩张，也不去颠覆别的国家。如果不确定一些共同的原则，我们如何能够彼此约束？"现在拥护和平共处五项原则的国家"一天天多起来"。"在座有些代表说，和平共处是共产党用的名词。那么，我们可以换一个名词，而不要在这一点上发生误会。""在联合国宪章的前言中有'和平相处'的名词，这是我们应该能够同意的。"至于"五项原则的写法可以加以修改，数目也可以增减，因为我们所寻求的是把我们的共同愿望肯定下来，以利于保障和平"。接着周恩来综合各位代表的意见，把大家同意的共同点，归纳成七项原则。在4月24日亚非会议的最后一次全体会议上，全体代表一致通过了亚非会议的最后公报，即在和平共处五项原则基础上的"和平相处"十项原则，使万隆会议圆满成功。这十项原则实质上是周恩来最初倡导的和平共处五项原则的引申与发展。对周恩来23

日的发言，美国记者鲍大可在《周恩来在万隆》这本书中评论说："周恩来选择了这个时候来发表他在亚非会议上最重要的讲话。他善于等待时机的外交才能简直是登峰造极。他在长期静观之后在这个辩论几乎已经陷入僵局的时候脱颖而出，成为会议的明星，成为排难解纷，平息争端，带来和平的人物。从这一刻开始，究竟哪一个人的品格才左右大局，就再也没有疑问了，那就是周恩来。"

在万隆，周恩来不仅通过他卓越的外交才能打破会议的一次次僵局，促使会议圆满成功，而且在会外开展了广泛的外交活动。4月23日，在会议快结束时，当有人在会上提出台湾问题时，周恩来对中国就台湾地区问题同美国进行谈判发表了短短69个字的声明："中国人民同美国人民是友好的。中国人民不要同美国打仗。中国政府愿意同美国政府坐下来谈判，讨论和缓远东紧张局势的问题，特别是和缓台湾地区的紧张局势问题。"这个声明影响很大，导致当年8月1日开始的中美大使级会谈。

万隆会议期间，周恩来几乎是夜以继日地工作，每天只有两小时睡眠。据卫士长成元功统计：开了七天的会，周恩来总共才睡了13个小时。实在累得不行，就和衣躺一会儿，然后继续工作，有时连饭也顾不上吃。他忘我工作的精神，使代表团全体人员深受感动。

三、打破坚冰，实现中美关系正常化

1. 美国对华政策的调整

第二次世界大战后，整个世界进入美苏两个超级大国激烈角逐的冷战时期。1949年中华人民共和国成立，选择了建立社会主义社会的前途，自然也就站在了以苏联为首的社会主义阵营。在新中国成立的20多年间，美国政府一直对中国采取政治上孤立，军事上包围，经济上封锁的敌对政策。然而，进入20世纪60年代，整个国际局势发生了重大变化。两大阵营（即以美国为首的资本主义阵营和以苏联为首的社会主义阵营）相继解体，世界向多极化方向发展。这体现在中苏关系破裂，并且中国经过20多年大发展日益成为一支独立的力量；在西方盟国内部，西欧和日本由于经济增长，在政治上有强烈的独立倾向，导致美国同日本、西欧的矛盾不断发展，美国的影响力也大大降低；苏联在60年代后期，大大加快了发展经济和扩充军事实力的步伐，不断向外扩张势力。苏联与美国的差距日渐缩小，对美国的世界霸主地位造成严重威胁，美国遇到了甚至做梦也想不到的那种挑战。同时，美国此时深深陷入越南战争而难以自拔。在美国国内，由于连年征战，也出现了空前的政治、经济、社会总危机。美国人民负担空前加重，反战呼声高涨。总之，局势的变化亟待美国政府作出重大战略调整。

1969年，尼克松就任美国总统。正值美国内外交困的严重时期，陷入越南战争的美国全球战略难以兼顾东西。亚洲的战争使得美国在战略重点的欧洲地区实力大大削弱，而苏联则趁机加紧对欧洲的争夺，积极对中东、非洲进行渗透和军事扩张。美国虽然察觉到苏联的企图，但已无能为力。在这种情况下，尼克松政府着手制定新的外交战略，那就是调整中美关系，达到与苏联抗衡的目的。因为中苏的分裂与美苏的角逐，使美国方面认为中美双方存在共同利益，中美接近是符合两国的国家利益的。诚如尼克松总统的国家安全事务助理基辛格博士所说："在两个敌手中间，联合弱的一方更有利，因为这样可以遏制强者。"另外，中美接近可帮助美国结束越战，摆脱困境，还可以给美国带来种种其他好处。同时，中国也已经看到，改善中美关系可以减轻苏联重兵压境的威胁，有助于逐步解决台湾问题，更有助于扩大中国的国际交往。尼克松和基辛格显然是顺应时势的。他们认识到中苏分裂为美国提供了机会，并抛开了意识形态而采取了一种务实政策。中国政府此时也正静观美国动向。

1969年1月，尼克松就任美国总统后就表达了同中国改善关系的愿望，并着手通过各种渠道建立与中国的接触。2月1日，尼克松交给基辛格一份备忘录，提出："我们应该对认为本政府要寻求同中国和解的可能性的看法给予种种鼓励。当然这务必以秘密方式完成，而且在这方面绝不能留下公开的痕迹。"3月份，法国总统戴高乐到华盛顿参加文森豪威尔的葬礼，尼克松会见戴高乐时，请戴高乐把美国有意改善同中国的关系的新政策转告中国领导人，戴高乐答应了。当时中国与法国建交已经5年，戴高乐指示5月间将出任驻北京大使的马纳克完成这项使命。7月，美国国家安全委员会建议对中国采取更加积极的态度，努力改善美中关系。到7月底，按照基辛格的提议，美国宣布如下政策：（一）对中国放宽人员往来和贸易交流的限制。包括自1969年7月21日起，学者、记者、学生和国会议员可以获得赴大陆中国旅行的自动有效的护照。另外，允许美国旅游者在中国购置价值总数为100美元的商品。（二）从12月19日起又取消美国公民在中国购置商品总额为100美元的限制，即日起允许任意购置商品，无限额。商务部允许美国公司在国外的子公司可以同中国自由进行非战略物资的贸易活动。（三）1969年11月7日，美国决定中止第七舰队的两艘驱逐舰自朝鲜战争以来一直在台湾海峡的常规巡逻。（四）1969年12月15日，美国宣布1969年从冲绳岛撤除所有核武器（这些核武器据说针对中国而设）。七八月间尼克松和基辛格开始了一次环球旅行。尼克松请巴基斯坦总统叶海亚和罗马尼亚总统齐奥塞斯库向中国领导人转达一个口信："美国不参加孤立中国的任何安排。"

"文革"以来中国一直采取一种既反美又反苏的独立自主政策，但在实践中却对中国外交局面造成了巨大的破坏。由于"文革"，中国同与其建交的40多个国家中的30多个发生了不同程度的外交纠纷。中国的影响只限于有限的几个国家，甚至自1967年初以来，中国驻外大使职位除埃及外全部空缺。而在北京，造反派甚至夺了外交部大权，使中国外交一度处于失控的局面。中国必须扭转这一局面，以结束孤立的外交局面，对付日渐加重的苏联威胁。1969年3月，中苏边界冲突的爆发更加增大了中国对苏联入侵的忧虑。数月内全国处于战备状态。与此同时，苏联还试图对中国核武器给予毁灭性打击，这一切使中苏关系恶化到前所未有的严重局面。此时，美国出于自己全球战略及国内政治的考虑，正频频向中国举起橄榄枝，开始实施一系列对华宽松政策，以求得中国方面的积极回应。毛泽东、周恩来敏锐地注意到了尼克松上任后发出的一系列调整对华政策的信息。5月间，周恩来按照毛泽东的意图请陈毅、叶剑英、徐向前、聂荣臻四位老帅对国际形势进行战略性研究并提出建议。其中陈毅指出，尼克松出于对付苏联的战略考虑，急于拉中国，我们要从战略上利用美苏矛盾，有必要打开中美关系的大门。这一想法得到毛泽东、周恩来的重视。在中苏关系陷入僵局的情况下，这无疑是对中国外交调整的一个好契机。为此，北京方面也向美国发出了一个个和解的信息。

1969年7月16日，两个美国人误入中国领海被抓获。时值美国准备公开宣布放宽对美国公民来中国旅行的限制。基辛格决定，把宣布推迟几天，看中国人会不会借此事件掀起例行的反美浪潮。中国方面在周恩来的过问下，广东省公安厅派得力干部前往调查，查了一个星期，把情况搞清楚了。这两人是暑假来香港旅游的大学生。船上没有窃听器、发报机等，不像是间谍。两人态度很好，承认是误入领海，写了字据。7月23日，周恩来同意立即释放美方两人。这一交锋，双方没有直接发生接触，都没有丧失各自的尊严。中美之间的气氛明显缓和。

1969年12月3日,在波兰华沙文化宫举行的南斯拉夫时装展览会上,美国驻波兰大使斯托塞尔与中国驻波兰代办雷阳不期而遇。斯托塞尔主动对雷阳说:"美国大使有重要信息要向贵大使转达。"后来雷阳得到国内的指示,即于12月11日邀请斯托塞尔到中国大使馆正式会晤。双方同意恢复华沙中美大使级会谈。周恩来认为,双方坐下来交换意见总是好的。1970年1月8日,北京和华盛顿同时宣布,华沙会谈将在1月20日恢复。美国国务院发言人麦克洛斯基宣称:会谈将"在中华人民共和国大使馆"进行。以前从未有过哪个美国发言人用正式名称来称呼新中国,而且说了三次。他的用意在于使这个信号明白无误地传到北京。

1970年10月1日,在庆祝中华人民共和国成立21周年的日子里,周恩来把著名的美国记者、作家斯诺和夫人领到天安门城楼正中毛主席的身边,检阅国庆游行队伍。第二天,《人民日报》头版显眼位置上,出现了毛泽东与斯诺的大幅照片,这是周恩来的精心安排,是周恩来给尼克松总统发出的一个别具深意的外交信息。因为在中美两国长期隔绝的状态下,对一个美国人来说,这是一件独一无二的事。但美国方面却没有意识到中国此举的真正含意。10月，巴基斯坦和罗马尼亚两国总统到美国参加联合国成立25周年庆祝活动时，尼克松正式请求他们向中国传递口信，希望中国政府了解他想与北京改善关系的真实意愿，说明他有意派出高级官员甚至基辛格去北京与中国领导人对话。11月，巴基斯坦将此信息转告中国后，周恩来回复说："如果讨论美国从台湾撤军，尼克松总统或他的代表将在北京受到热烈欢迎。"12月16日，美国通过巴基斯坦做出反应，接受这个邀请，并同时指出："美国将准备在北京举行高级会谈，就美国和中华人民共和国遗留下来的问题进行广泛的交谈，其中包括台湾问题。"12月18日，毛泽东又对美国记者斯诺说，尼克松总统可以到北京来，无论是旅游者，还是总统的身份，我们都欢迎。

2. 乒乓外交与基辛格秘密访华

在中美双方通过第三方秘密传递希望改善关系的信息时，1971年春天，美国乒乓球队代表团受邀访问中国，通过小球转动大球，加快了中美高层直接对话接触的进程。这就是被世人熟知的乒乓外交。在整个过程中，周恩来亲自指导、接见。

1971年3月8日，周恩来批示同意中国乒乓球队赴日本参

周恩来的奉献

加4月份举行的第31届世界乒乓球锦标赛。3月14日，周恩来又召集外交部、国家体委等部门负责人开会，商讨中国乒乓球队赴日参赛问题，并研究有关外交政策。3月15日，尼克松的私人助理马修·汤姆森给邓理山来信，信中提到中国是否可以邀请这些年轻的美国运动员到贵国去访问（为了掩人耳目，也可以同时邀请一些西方球队），并受到贵国领导人慷慨大方的接见？邓理山将此信送交周恩来，周恩来在马修来信上作如下眉批："这主意非常好，请立即照办。拟邀请美国、英国、加拿大、一个非洲国家及一个拉美国家的乒乓球队来京，以接待意大利共产党的规格隆重欢迎他们。"3月28日至4月7日，第31届世界乒乓球锦标赛在日本名古屋举行。比赛期间，中美运动员进行了友好接触，美国乒乓球队向中方提出访华的请求。中方经中央决定同意邀请美方来华。周恩来在4月7日根据毛泽东邀请美国乒乓球队访华的决定，嘱告外交部，以电话通知在日中国乒乓球代表团负责人，对外宣布正式邀请美国队访华。4月7日晚，周恩来向出席全国旅游和援外工作会议的代表宣布：从今天起，我们展开了新的外交攻势，首先从中国乒乓球队开始。

中国人邀请美国乒乓球队访华的消息一发布，在日本乃至整个世界引起强烈反响。美国国务卿罗杰斯接到电报后立即署上意见送往白宫。尼克松看后，喜出望外，马上批准美国乒乓球队接受邀请，并就此连夜召开国家安全委员会特别会议进行研究。中国的"乒乓外交"在美国公众中也引起了良好的反响。《华盛顿邮报》评论说："一夜之间，中国改变了它在美国公众心目中的形象，从暴风骤雨到阳光明媚。突然之间，用共产主义中国这个词都好像有点不合时宜了。"4月10日，美国乒乓球队到达北京。这是20多年来头一个美国民间代表团访问北京。他们实际获得的是打开中美友好之门的外交特使的待遇。有关对代表团访华的所有具体安排，都在周恩来直接掌握之中。14日，周恩来亲自接见了美国乒乓球队全体成员及随团记者。陪同接见的还有加拿大、英国、哥伦比亚、尼日利亚四国乒乓球队代表团成员。周恩来对美国客人发表了讲话，他说："中美两国人民过去往来是很频繁的，以后中断了一个很长的时间。你们这次应邀来访，打开了两国人民友好往来的大门。我们相信中美两国人民的友好往来将会得到两国人民大多数的赞成和支持。"交谈中，美国运动员科恩问周恩来对嬉皮士的看法。周恩来说："现在世界青年对现状有点不满，想寻求真理，青年思想波动时会表现为各种形式。但表现形式不一定都是成熟的或固定的。""按照人类发展来看,一个普遍真理最后总是要被人们认识的,和自然界的规律一样。我们赞成任何青年都有这种探讨的要求,这是好事。要通过自己的实践去认识。但是有一点,总要找到大多数人的共同性,这就可以使人类的大多数得到发展,得到进步,得到幸福。"最后,周恩来请美国客人转达中国人民对美国人民的问候。第二天,几乎所有的世界大报与通讯社都报道了周恩来的谈话。"乒乓外交"是周恩来外交活动的杰作,它大大加快了中美高层接触的进程,实现了小球转动大球的效果。

4月21日,周恩来通过中国驻巴基斯坦大使馆向美国政府递交了《周恩来总理给尼克松总统的口信》:"要从根本上恢复中美两国关系,必须从中国的台湾和台湾海峡地区撤走美国一切武装力量。而解决这一关键问题,只有通过高级领导人直接商谈,才能找到办法。因此,中国政府重申,愿意公开接待美国总统特使如基辛格博士,或美国国务卿甚至美国总统本人来北京直接商谈。"29日,尼克松获悉后,先以口头方式回复中方,表示接受邀请。5月17日,美方又通过巴基斯坦驻美大使正式答复中方:尼克松总统"准备在北京同中华人民共和国诸位领导进行认真交谈,双方可以自由提出各自主要关心的问题"。并提议:"由基辛格博士同周恩来总理或另一位适当的中国高级官员举行一次秘密的预备会谈。基辛格在6月15日以后来中国。"5月25日,周恩来召集外交部核心小组领导成员开会,研究尼克松最近转来的一系列口信。5月26日,他又主持中共中央政治局会议,商讨中美关系问题。会后,周恩来起草了《中央政治局关于中美会谈的报告》,报告估计了同基辛格的预备会谈和尼克松的访问可能出现的各种情况,并拟出相应的对策,提出中美会谈的八点方针,主要是:美国一切武装力量和专用军事设施,应规定限期从中国台湾和台湾海峡撤走,台湾是中国的领土,解放台湾是中国的内政,外人不容干预;中国人民力争和平解放台湾;中国政府和人民坚决反对进行"两个中国"或'一中一台'的活动;美国如欲同中国建交,必须承认中华人民共和国是代表中国的唯一合法政府。报告还有针对性地回答了一些对中美会谈存有疑虑的问题。6月2日,尼克松接到该信息后非常激动,称:"这是第二次世界大战以来美国总统所收到的最重要的信件。"

1971年7月9日至7月11日,尼克松总统的国家安全事务助理基辛格博士秘密访华,为尼克松正式访华做前期准备工作。9日下午四时半,周恩来来到钓鱼台会见基辛格。基辛格后来写道:"他脸容瘦削,颇带憔悴,但神采奕奕,双目炯炯,他的目光既坚毅又安详、既谨慎又满怀信心。他身穿一套剪裁精致的灰色毛呢服装,显得简单朴素,却甚为优美。他举止娴雅庄重,他使举座注目的不是魁伟的身躯(像毛泽东或戴高乐那样),而是他那外弛内张的神情、钢铁般的自制力,就像是一根绞紧了的弹簧一样。他似乎令人觉得轻松自如,但如小心观察就知并不尽然。他听英语时,不必等到翻译,脸上神情就显得已明白语意,或立即露出微笑,这很清楚地表示他是听得懂英语的。他警觉性极高,令人一见就感觉得到。显然,半个世纪来烈火般激烈斗争的锻炼,已将那极度重要的沉着品格烙印在他身上。"这是两天来周恩来给基辛格博士留下的深刻的印象。在基辛格这次访问中,他与周恩来会谈了17个小时,较之基辛格和其他任何领袖会谈的时间都更长,更为深入。在会谈中,周恩来对基辛格坦率地说:中美双方对一系列国际问题有不同的看法。但这并不妨碍两国寻求平等友好相处的途径。他强调中美关系首先要平等。换句话说是对等,一切问题从对等出发。他还表示相信中美两国人民是愿意友好的,过去是友好的,将来也是友好的。双方着重讨论了台湾问题和尼克松总统访华时间等问题。在台湾问题上,周恩来坚持:台湾历来就是中国的领土，台湾问题是中国的内政，不容外人干预，美国必须承认台湾是中国的一个省，必须限期撤走驻台美军，必须废除美蒋《共同防御条约》。基辛格表示：美国承认台湾属于中国，希望台湾问题和平解决；美国不再与中国为敌，不再孤立中国，在联合国内将支持恢复中国的席位，但不支持驱逐蒋介石集团的代表；美国承认中华人民共和国政府为中国唯一合法政府的问题，留到尼克松总统第二届任期去解决；美国准备在越南战争结束后一个规定的短时期内撤走其驻台美军的2/3，还准备随着中美关系的改善进一步减少其余的驻台美军；至于美蒋"共同防御条约"，美国认为历史可以解决这个问题。

周恩来与基辛格还讨论了建立今后联系地点的问题。结果选定了巴黎。双方并初步决定尼克松在1972年春天来华。这次会谈美方表示的立场与态度尽管有严重的缺陷和保留，但反映了尼克松真有改善中美关系的诚意。因此，双方迅速就尼克松总统访华一事达成了协议，并决定发表一份公告。1971年7月11日，基辛格循原路秘密返回美国。他对这次密访非常满意，说他是"带着希望而来，带着友谊而去"，访问成果"超过了他原来的期望，圆满地完成了他们的秘密使命"。通过这次秘密访华，基辛格认为周恩来对哲学的泛论、历史的分析、策略的运用均有过人之处。他说，周恩来总理对事实的掌握，特别是对美国情况的了解十分惊人，使这位向来高傲的哈佛大学教授，也不能不钦佩周恩来总理的学识渊博和才思敏捷。

1971年7月15日，中美两国同时发表了如下的公告：周恩来总理和尼克松总统的国家安全事务助理基辛格博士，于1971年7月9日至7月11日在北京进行了会谈。获悉，尼克松总统曾表示希望访问中华人民共和国，周恩来总理代表中华人民共和国政府邀请尼克松总统于1972年5月以前的适当时间访问中国。尼克松总统愉快地接受了这一邀请。中美两国领导人的会晤，是为了谋求两国关系的正常化，并就双方关心的问题交换意见。尼克松是在电视荧光屏上宣布这一公告的。在场的评论员也为之目瞪口呆，大为吃惊。这个公告成为当年最热门的话题，震动了全世界。

1971年10月20日至10月26日，基辛格再度访问北京，此行是为尼克松访华进行具体安排，商议尼克松访华时间定在1972年2月。这次访华，周恩来同基辛格共进行了10次会谈，主要就此次尼克松访华的公报交换意见。基辛格交给周恩来一份尼克松批准的公报初稿。这份公报初稿是只列出了双方共同接纳的观点，而掩盖了彼此实质性的分歧点。周恩来在同毛泽东交换意见后，明确表示美国的做法是不能接受的，公报必须提出根本性的分歧。周恩来当晚提出他的公报初稿了，这份初稿明确写出了双方的分歧，同时列出双方的共同点，以便共同遵守。周恩来的公报初稿以毫不妥协的立场阐述中方立场，而留下空白由美方阐述其立场。最终被基辛格所接受。

　　周恩来和基辛格谈到台湾问题时，双方僵持了。基辛格表示美国不会背弃老朋友，不会与台湾断交。周恩来严正声明：中华人民共和国政府是中国的唯一合法政府；解放台湾是中国内政；美国军队必须撤出台湾。这三个立场是不变的。基辛格申辩说："如果我们背弃老朋友，不但别的朋友不信任我们，你们中国人也不会尊重我们。"周恩来针锋相对地说："台湾是中国领土。台湾问题是中国的内政。这是你们历届政府都承认的。而现在，是哪国的军队占领着台湾？是你们美利坚合众国。中国人有句俗话，'解铃还需系铃人'，如果说有什么复杂原因，那也是你们美国政府一手造成的。你们不但对这一现实没有任何改变，而且还继续从各方面封锁、孤立我们。"基辛格又辩解说："我今天坐在这里，不就是说明我们在改变吗？"但他意识到周恩来在这个问题上绝不让步。他和洛德商量一会儿后，对周恩来说："我决定换一种方式表达美国的观点——美国认识到,在台湾海峡两边的所有中国人都认为只有一个中国,台湾是中国的一部分。怎么样?"周恩来将这一句话重复了一遍,笑着称赞说:"博士到底是博士,这可是一项奥妙的发明。这句话的基本意思我方可以接受。"公报中台湾问题的措辞就这样解决了。双方达成的这个协议,也就是后来人所共知的上海公报,它成为中美关系的基础。

就在这一天,1971年10月25日,第26届联合国大会以压倒多数的表决结果通过决议,恢复了中华人民共和国的合法席位,驱逐出台湾国民党代表。周恩来知道了这个消息后,心里异常兴奋。这与新中国20多年来周恩来领导的外交工作密不可分的。当时,为了不让基辛格难堪,在基辛格登机返美之前,周恩来没有把这个消息告诉他。

3. 尼克松访华与上海《中美联合公报》的发表

1972年2月21日上午11时,尼克松乘专机抵达北京机场。为了纠正1954年日内瓦会议期间,杜勒斯不同周恩来握手的傲慢失礼行为,尼克松特意让其随行人员先暂缓下机,在他走到舷梯尽头时,主动和周恩来握手。记者们迅速抢下这一历史性镜头。后来尼克松在他的回忆录中写道:"当我们的手相握时,一个时代结束了,另一个时代开始了。"在他们离开机场

马克思主义简明读本

时,周恩来对尼克松说:"你把手伸过了世界最辽阔的海洋来和我握手。25年没有交往了啊!"

当尼克松到达宾馆才几分钟,周恩来便问:总统和基辛格先生现在去会见毛主席是否方便?尼克松对这种礼遇感到高兴。因为毛泽东常在外宾离开的前一天才会接见他们。这么快就安排接见,出乎尼克松意外。下午,在周恩来陪同下,尼克松到中南海会见毛泽东。毛泽东表示欢迎客人,并开玩笑地说:"我们共同的老朋友蒋委员长,可不赞成这件事啊!"毛泽东和尼克松的谈话幽默而富于哲理,话题涉及很多方面:台湾问题、日本、印度支那、反霸斗争、扩大两国交往……尼克松说:我们具有不同的哲学,然而都脚踏实地来自人民,问题是我们能不能实现一个突破,这个突破将不仅有利于中国和美国,而且有利于今后多年的全世界。我们就是为着这个而来的。毛泽东称赞尼克松那本《六次危机》写得不错。尼克松微笑着摇摇头,朝着周恩来说:"他读的书太多了。"这次会谈持续了65分钟。

随后,周恩来和尼克松举行会谈。晚上,在人民大会堂举行国宴,招待尼克松一行。周恩来在祝酒词中说:"尼克松总统应中国政府的邀请,前来我国访问,使两国领导人有机会直接会晤，谋求两国关系正常化，并就共同关心的问题交换意见，这是符合中美两国人民愿望的积极行动，这在中美关系史上是一个创举。""中美两国社会制度根本不同，在中美两国政府之间存在着巨大的分歧。但是，这种分歧不应当妨碍中美两国在互相尊重主权和领土完整、互不侵犯、互不干涉内政、平等互利和和平共处五项原则的基础上建立正常的国家关系，更不应该导致战争。""我们希望，通过双方坦率地交换意见，弄清楚彼此之间的分歧，努力寻找共同点，使我们两国的关系能够有一个新的开始。"

第二天，周恩来同尼克松举行实质性的会谈，地点在人民大会堂。1972年2月23日，会谈移到尼克松住的钓鱼台国宾馆。周恩来一下车，已看到尼克松、罗杰斯、基辛格都站在门口迎接。握手之后，尼克松笑容可掬地走到周恩来身边，为周恩来脱掉呢子大衣。这个镜头被电视记者拍下来。美国电视观众很赞赏尼克松这一热情举动。有家报纸评论说："在美国人民对周恩来表示极大好感时，尼克松为周恩来脱大衣，等于发表一篇极为动人的竞选演说。"第四天，尼克松、罗杰斯在叶剑英陪同下，参观了长城和十三陵，2月25日尼克松等人又游览了故宫。26日上午，周恩来陪同尼克松到杭州。尼克松一行乘船游览了西湖。27日早晨，周恩来陪尼克松来到上海。经过一周的会谈，1972年2月28日中美联合公报在上海发表。它标志着中美关系开始走向正常化，并产生了广泛而深远的国际影响。在当晚的宴会上，尼克松宣称："这是改变世界的一周。"在实现中美关系正常化的整个过程中，周恩来发挥了核心和关键的作用。但非常遗憾的是，周恩来总理没有亲眼看到1979年1月中美两国正式建交。

第四节　领导新中国的尖端科技事业

1964年10月16日，中国成功爆炸第一颗原子弹；1967年6月17日，我国又首次成功地进行了氢弹试验；1970年4月24日，我国第一颗人造地球卫星发射成功。这就是每一个中国人都熟知的"两弹一星"。20世纪五六十年代，面对极为恶劣的国际环境，在第一代领导集体的亲自领导下，新中国开始进行尖端科技事业的研究并取得了辉煌成就，它大大提高了中国的国际地位。这些成就的取得离不开那些默默无闻的无数的科学家和国防战线上的功臣们的无私奉献，它更凝结着周恩来总理的辛勤劳动和卓越智慧，因为他是我国"两弹一星"事业的主要决策者之一，同时又是这项事业的主要组织者和领导者。为了这一天的到来，周恩来率领中国核工业战线和国防科技战线上的人们进行了长期艰辛的努力。

中国领导人做出发展原子能事业的决策，是与当时所处的严峻国际形势密切相关的。新生的中华人民共和国，一开国就受到美国"蘑菇云"的笼罩，他们不断对中国进行核威胁和核讹诈。为了巩固自己的国防，提升国际地位，不再受人制约，中国的原子能事业在十分薄弱的基础上艰难地创建起来。与此同时，一大批受到新中国感召的物理学家和核科学家回到了祖国，组成了一支实力雄厚的科学家队伍。

周恩来对发展中国的原子能事业一向十分重视。新中国成立前夕，中国派代表团出国参加保卫世界和平大会。这个代表团成员的名单，是周恩来亲自拟定的，他们中间有以中国早期著名的科学家钱三强为首的核科学工作者。当时，周恩来支持钱三强的建议，批准拨出一笔达20万美元的外汇从国外定购研究原子核科学所需要的器材、图书、资料。1953年春，周恩来批准中国科学院组织访苏代表团，考察苏联的科学研究工作，商谈中苏两国间的科研合作问题。在周恩来的努力下，通过外交途径解决了钱三强提出的由苏联方面提供给中国有关核科学仪器和实验型反应堆。1954年，在著名地质科学家李四光的主持下，我国地质部门首次发现了铀矿资源，原子能的基本材料找到了。这一重大发现，引起毛泽东和周恩来等人的高度重视。1955年1月14日，周恩来专门约见李四光、钱三强和地质部负责人刘杰，详细询问了我国核科学研究、核反应堆和原子弹的原理、发展核能技术所需要的条件及我国的铀矿资源等情况。周恩来明确地告知他们几个人：中央要讨论发展原子能问题，你们作好汇报准备，届时带着铀矿石和简单探测仪器，做些操作表演。1月15日，在周恩来的安排下，毛泽东在中南海主持召开了中共中央书记处扩大会议，专门讨论中国发展原子能事业的问题。周恩来提醒科学家：用最通俗易懂的语言，把这一问题讲清楚，以利中央做出决策。

会议听取了李四光、钱三强和刘杰关于核反应堆和原子弹的原理以及我国核科学研究情况的汇报。根据周恩来会前的嘱咐，他们向中央领导人作了用仪器探测铀矿石的操作表演。大多数中央领导人还是头一次接触到原子核反应原理，他们产生了极大的兴趣。听完汇报的毛泽东兴奋不已，对中国发展原子能事业表示了极大的信心。另外强调：现在苏联对我们援助，我们一定要搞好！我们自己干，也一定能干好！我们只要有人,又有资源,什么奇迹都可以创造出来!周恩来则在会上强调:对人才的培养需要大力加强。这次会议,中共中央正式做出了发展原子能事业的战略决策,揭开了大力发展中国核科学技术研究和进行核工业建设的帷幕。从最初做出决策到第一颗原子弹爆炸成功,这中间经历了艰辛的9年时间。

根据中共中央的决策,1955年1月31日,周恩来主持国务院全体会议作出中国要"迅速掌握使用原子能技术"的重大决定。这以前,中国在原子能方面,只有少数几个科学家在专门研究机构中从事研究工作。从此,中国的原子能工业建设开始起步。在找到铀矿的前提下,接下来紧要解决的是人才问题。为中国的原子能事业做出重大贡献的科学家有:开国后一直从事核科学研究工作的钱三强、王淦昌、彭桓武、何泽慧、赵忠尧、邓稼先、朱洪元、杨澄中、杨承宗、戴传曾等;有中美日内瓦大使级会谈开始后陆续从美国和西欧归国的张文裕、汪德昭、王承书、李整武、谢家麟等;还有原来分散在各高校工作的朱光亚、胡济民、虞福春、卢鹤绂、吴征铠、周光召等,这些科学家基本上都是从国外留学回来,为参加新中国建设而毅然回国的。为使这些科学家能集中精力搞研究,周恩来特别指示:要把现在的原子物理专家逐渐从行政工作中抽出来。除此之外，国家要大力加速培养这方面的专业人才，逐步形成一支强有力的科研骨干队伍。同年，经过周恩来同苏联驻华大使尤金的多次谈判，苏联政府正式通知中国，在和平利用原子能方面提供一座7000千瓦的重水型实验性反应堆和直径为1.2米的回旋加速器，并接受科学技术人员去苏联实习。

周恩来考虑问题向来深远、细致。尽管当时在中苏关系友好的前提下，有苏联在核领域内的技术援助，但是周恩来还是指出，要处理好自力更生和争取外援的关系。我们力争苏联援助，但绝不是依赖苏联和苏联专家，必须花大力气消化、吸收人家的先进技术，把发展核技术的基点还是要放在自己身上，坚持自力更生。后来的事实证明：他这个考虑是十分富有远见的。

1956年，在周恩来等人的建议下，主管原子能工业的第三机械工业部（1958年2月改为二机部）成立，由宋任穷任部长。紧接着，根据周恩来的指示，三机部从这年10月起，开始在国内组织生产专用的仪器设备，培养自己的设计和设备制造能力。到1958年，建成了比较完整的综合性的和各种专业性的核科学技术研究机构，大力开展研究工作，培养出大批专业人才。这就为独立自主地发展中国核工业做了必要的技术储备和人才储备，争取了宝贵的发展时间。

正当中国的原子能事业创建之时，由于我党拒绝了苏联领导人赫鲁晓夫提出的侵犯中国主权、企图控制中国的要求；同时，中苏两党在国际共产主义运动一系列问题上的分歧，导致1959年6月中苏关系恶化，苏联政府单方面撕毁了关于援助中国和平利用原子能的协定——拒绝向中国提供原子弹教学模型和技术资料；1960年8月，苏方撤走全部专家，并带走了重要的图纸资料，停止供应设备和材料。在原子弹研究设计方面，我国对一些关键技术问题已经摸索了一段时间，有的已经突破，有的正在攻关。此时，中国的国内形势也极为严峻。"大跃进"的重大失误和严重的自然灾害，使农业生产遭受了极大破坏，国民经济进入严重困难时期。这些都无异于雪上加霜，给中国原子能事业的发展带来了巨大阴影和严重的困难。

有些外国人幸灾乐祸地断言：中国的核工业已遭到"毁灭性打击"，中国核工业已"处于技术真空状态"，中国"20年也搞不出原子弹来"。在这种情况下，中国的原子能事业是停止还是继续，已成为最高决策层必须明确回答的问题。事情很清楚：在外来的咄咄逼人的核威胁面前，如果中国人自己手里没有原子弹，国家的安全就没有可靠的保障，中国的国际地位就难以提高，就要处处受别人的欺侮。尽管面对着常人难以想象的困难，中国人决不会屈服于外界的压力，一定要义无反顾地迎着困难上，把自己的原子弹搞出来。

1957年7月，周恩来总理在庐山会议上传达中共中央的决策：自己动手，从头摸起，准备用8年时间搞出原子弹。风趣的陈毅元帅接着说：即使当了裤子，也要把原子弹搞出来。以后，他又多次对聂荣臻说：我这个外交部长的腰杆还不太硬，你们把导弹、原子弹搞出来了，我的腰杆就硬了。1960年7月，毛泽东在北戴河听取李富春汇报时说得同样坚决："要下决心搞尖端技术。赫鲁晓夫不给我们尖端技术，极好。如果给了，这个账是很难还的。"从这些都可以看出，当时第一代领导集体对中国研制出核武器的决心是非常之大的，尽管当时困难重重。

从此以后，中国的原子能事业走上了完全靠自己的道路。周恩来对这项工作进行具体部署，提出"独立自主、自力更生、立足国内"的方针。要二机部缩短战线，集中力量解决最急需的工作，并调动各地区、各部门的力量支持原子能事业。1961年春节期间，根据国际形势的发展，周恩来进一步明确提出：要集中力量，突破国防尖端，争取3年到5年过关。由于周恩来相继提出的一系列措施十分得力，又得到切实的贯彻执行，到1962年下半年，中国原子能工业建设和核武器研制都取得长足进展。但是，仍有一些重大技术难关有待突破。由于研制核武器是一个关系国民经济全局，关系国家生死存亡的大规模系统工程，它具有技术复杂，综合性强，涉及的范围广、部门多，而各部门、各系统之间又需要紧密联系，协调行动的特点，所以单靠二机部会同国务院有关部门工作，是难以完成任务的。

1962年11月，经党中央批准，成立由周恩来任主任的中央15人专门委员会。从此，周恩来便直接担负起发展中国原子能事业的主要组织和领导责任。后来的事实证明：如果不成立这样的专门委员会，要集中和调度全国的人力、物力、财力，在短短两年时间内，成功实现第一次核试验是不可能的。到1964年10月我国首次原子弹装置爆炸试验之前的近两年时间内，周恩来总理主持召开了9次中央专委会议，讨论解决了100多个重大问题。他作为这项事业的全国"总调度"，凡是中央专委决定的事，哪怕是一个零部件的生产，都要当场拍板，由主管的部长保质、保量、限时完成，中间他还要不断督促检查。在他的直接领导下，全国上下排除重重困难，在较短时间里卓有成效地建立起庞大的全国大协作体系，统一指挥调度由20多个部、委、院和20个省、市自治区的900多家工厂、科研机构、大专院校参加的研究、制造原子弹的科技攻关工作。全国各地各部门的工作必须服从这个大局。著名科学家钱学森同志曾说，那时是周总理挂帅，下面由聂荣臻元帅具体抓，他们是按照解放战争时期组织大兵团作战的办法，把成千上万的科技人员组织起来，攻克了一个个难关，取得了震惊世界的成就。

1962年11月29日，周恩来主持第二次专委会，这次会议，主要解决中国核工业的主攻方向。周恩来明确提出："先抓原子弹。"这一战略重点的提出，使从事这一工作的人们立即明确了主要目标。1962年12月，专委会讨论和批准了第二机械工业部提出的《一九六三年至一九六四年原子武器、工业建设生产计划大纲》（简称两年规划）。会上，周恩来着重指出：我们发展尖端事业不同于资本主义国家，我们要发扬社会主义制度的优越性，要组织全国大力协同，各部门、各地区要发扬风格，不要门户之见，要拧成一股绳。他要求"二机部的工作要有高度的政治思想性、高度的科学计划性和高度的组织纪律性"。这三条"高度"的要求，成为中国尖端科技研究工作和队伍建设的长期的指导方针。在实践中，他要求科技工作者做到"实事求是,循序渐进,坚持不懈,戒骄戒躁"这十六字方针。

周恩来总理作风严谨,对工作认真、严格。他多次语重心长地告诫这些第一线的科技人员,搞试验关系重大,绝对不能有一丝一毫的马虎,我们国家还很穷,做什么事情,都要考虑周到,略有失误,都会加重人民的负担。让那些科学家们深有感触并十分感动的是周总理尊重知识,尊重人才。他不仅在政治上信任他们,工作上支持他们,还要在生活上关心和爱护他们。可以说,"两弹一星"研制的每一步都凝结着周恩来的心血与智慧。

到了1964年上半年,随着各项准备工作陆续完成,我国第一颗原子弹爆炸试验进入最后关键阶段。9月16日和17日,周恩来连续两天主持召开了第九次专委会议。这次会议着重解决的就是爆炸时间问题,周恩来还详细了解有关燃料保存、点火控制(起爆和刹车)、气象、地形、运输、组织和拍摄记录等问题。9月23日,征得中央常委同意后,中央专委会决定:10月15日至20日期间进行首次核试验。鉴于当时国际局势的紧张,中国研制原子弹是在绝对保密状态下进行的。临近首次核试验,周恩来高度警惕,他对所有参与此事的人提出:这次试验要绝对保密，除了与试验直接有关的人员外，其他人一律不能知道，包括你们的妻子、儿女。周恩来以身作则，这件事连他的夫人邓颖超都不知道。随后，周恩来派出解放军副总参谋长张爱萍作为试验场的总指挥，刘西尧为副总指挥，前往西北核试验场。

最后，综合天气等各方面因素，定于1964年10月16日下午3时为核爆零时。这一天，罗布泊地区晴空万里，这是核试验的绝好条件。在由8467个构件组成，重70吨，高102米的铁塔顶端的金属结构里，几十万人心血凝聚而成的第一颗原子弹就安置在这里。此时，周恩来、贺龙、聂荣臻等中央领导人坐镇北京，亲自守候在直接连接试验现场的电话机旁。下午15时整，随着一声震天动地的巨响，在中国西部升起了一片巨大的蘑菇云……中国成功地爆炸了第一颗原子弹。当张爱萍将军在试验指挥现场通过电话告知周恩来这一喜讯时，周恩来总理这时如释重负，他马上拿起电话报告给毛泽东。全国人民也为之欢欣鼓舞，充满了自豪感。

中国第一颗原子弹爆炸成功，在国外引起强烈反响。日本和美国首先获知并报道。非常巧的是，恰在1964年10月16日这天，苏联宣布苏共中央第一书记赫鲁晓夫于15日辞去职务。当晚，中央人民广播电台正式向国内外播出了我国首次核试验成功的新闻公报和中国政府对于核武器问题的立场。这个经周恩来审定的政府声明中，表述得非常清楚：在任何时候、任何情况下，中国都不会首先使用核武器。中国政府一贯主张全面禁止和彻底销毁核武器，中国进行核试验，发展核武器，是被迫而为的。

这一声巨响意义重大，它打破了以美国为首的超级大国的核垄断、核讹诈，从此中国的国际地位大大提高。正如当时的法国总统蓬皮杜认为的那样：顷刻之间，中国在世界上的地位发生了变化。美国不得不承认中华人民共和国的那一天也为期不远了。

第一颗原子弹爆炸成功后，中国的尖端科技在周恩来的亲自组织领导下又继续向前发展。1967年6月17日，我国又首次成功地进行了氢弹试验；1970年4月24日，我国第一颗人造地球卫星发射成功。"两弹一星"的成功研制标志着中国尖端科技进入了世界领先行列，它大大地长了中国人的志气。作为主要的决策者和组织者，周恩来总理倾注了大量心血。作为今天的每一个中国人都要由衷地感谢第一代领导集体为中国人民所做出的特殊贡献。

第五章　在"文革"中的特殊贡献

在"文化大革命"极端复杂的特殊环境下，周恩来同志忍辱负重，苦撑危局，作出了常人难以想象的努力，全力维护党和国家正常工作的运转，全力维护党的团结统一，尽一切可能减少损失。他保护了一大批党的领导骨干、民主人士和知识分子；他协助毛泽东同志粉碎了林彪反革命集团妄图夺取最高权力的阴谋，并主持中央日常工作，批判和纠正极左思潮的错误，使各方面工作有了转机；他根据毛泽东同志的决策积极促成和落实邓小平同志复出并主持中央工作，全力支持邓小平同志领导对各方面工作进行整顿；他身患绝症，仍顽强坚持工作，并同邓小平、叶剑英、李先念同志等一起，与江青反革命集团进行了坚决斗争；他在四届全国人大一次会议上重申实现四个现代化的宏伟目标，极大鼓舞了全党全国各族人民。

第一节 在"文革"中的独特贡献

"文化大革命"中,周恩来面对着错综复杂的局面,特别是林彪、江青两个集团的破坏,顶天立地,挽狂澜于既倒,扶大厦于将倾。他凭着对党和人民的忠诚,以其超人的精力、胆识和才华,做出了令世人赞叹的无与伦比的独特贡献。

一、尽力维持党和国家机器的正常运转

"文化大革命"兴起后,毛泽东一开口,各地红卫兵蜂拥进京串联,接受伟大领袖的接见,多达1100多万人次。加上以后的北上、南下、东征、西进,千百万红卫兵给北京和各地政府,以及交通运输部门的压力是令人无法想像的。周恩来发挥其卓越超群的行政组织能力,组织各机关、学校妥善接待,并不失时机地、苦口婆心地向青少年宣传、解释党的政策,引导他们走上正轨。由于周恩来等人的不断努力,在1967年3月19日,中共中央发布《关于停止全国大串联的通知》后,红卫兵串联才停止下来。

周恩来很注意不让造反派冲击党、政机关和军队。1966

年11月，中央调查部的造反派以查"黑材料"为名要冲入档案室，周恩来得知后，立即派李质忠前去制止。江青唆使红卫兵冲进陈云家中，以"破四旧"为名，要搜查档案，周恩来立即派童小鹏去阻止。接着在周恩来的主持下，由中央、国务院发出保护党和国家机密档案的规定。1967年2月17日在接见财贸口造反派头头时，周恩来当面下令逮捕拒不执行指示，操纵造反派叫党组"靠边站"，抢夺财政部业务大权的副部长杜向光，并宣布"凡是没有经过中央承认的夺权都不算数"。1967年8月底，周恩来把王力8月7日煽动造反派夺外交部权的讲话和外交部被夺权、英代办处被烧的材料通过杨成武向毛泽东汇报，得到毛泽东的批准，对中央文革成员王力、关锋实行隔离审查，后又逮捕夺外交部权的姚登山，文革小组的另一成员戚本禹于1968年1月也被捕。

"文化大革命"初，周恩来支持军队叶剑英等领导人"长城不能毁"的观点，制定稳定军队的措施。1967年1月14日，在周恩来的支持下，经叶剑英等老帅力争，中共中央发出《关于不得把斗争锋芒指向军队的通知》。以后还颁发了"军委八条"和《关于军以上领导机关"文化大革命"的几项规定》。周恩来在各种场合，多次强调稳定军队的重要，并批评冲击军队的行为。

1967年后，经过周恩来的大量工作，在毛泽东的批准下，中央连续发布维护社会治安、确保国家物资设备、人民生命财产安全的命令，采取保护外国使领馆和外国侨民的措施，并决定对一些最乱的省、市和党政部门实行军事管制。这一切无不倾注了周恩来的心血，终使严重混乱状态在1968年初得到遏制。但由于毛泽东坚持把"无产阶级专政下继续革命"进行到底和林彪、江青两个集团的破坏，运动根本不可能像毛泽东所设想的那样二、三年内结束，而是拖了十年。正因为周恩来的存在和任劳任怨、忍辱负重的工作，从而在一定程度上减缓了这场历史性灾难的打击，并维持了党和国家机器的正常运转。

二、极力降低"文化大革命"造成的损失

在"文化大革命"中，周恩来根据"抓革命、促生产"的方针，设法把"革命"控制在一定的范围内，全力保护生产少受干扰和损失，使人民的吃、穿、用等生活必需得以保障，并使生产稍有发展。他曾对在国务院协助工作的余秋里、谷牧说："你们可得帮我把住经济工作这个关啊！经济基础不乱，

局面还能维持，经济基础一乱，局面就没法收拾了。所以，经济工作一定要紧紧抓住，生产绝不能停。生产停了，国家怎么办？不种田了，没有粮食吃，人民怎么能活下去？还闹什么革命？"可是愈演愈烈的运动不断冲击着经济建设，因此，周恩来、陶铸等多次强调革命与生产要两手抓，并在《人民日报》发表社论提出生产的重要性。鼓吹"革命"的文革小组，1966年底开始非难和攻击周恩来的观点，认为是以生产压革命，并请出了林彪，他们把"革命"看成至高无上，其他损失都是最小的。在当时政治环境下，周恩来无法抵制这场"大革命"的兴起，但他始终对人民和国家负责，并不退缩回避，而是尽可能使生产建设遭到较少的破坏，减少经济损失。在工业、交通和农业等经济部门，实施了各种措施，保持稳定。对于混乱的铁路、交通部门和工矿企业则实行军管。国内形势稍趋稳定时，周恩来便着手恢复国民经济工作，制定了1969年国民经济计划，恢复各主要工业部门和其他综合经济部门的工作，加强了从宏观上对国民经济的调控。

减少"文化大革命"造成的损失，还在一个很重要的方面是，保护老干部，并最终使党内健康力量成为主流，战胜了两个反革命集团，使党和国家坚持走社会主义的正确道路。周恩来在"文化大革命"中，总是想尽一切办法保护各级领导干部，他反复告诫揪斗老干部的"造反派"："老干部是党和国家的宝贵财富。"而林彪、江青两个集团为了篡党夺权，首要的便是尽可能多地打倒各级领导干部。因此，这一斗争也是极为尖锐复杂的。运动之初，周恩来竭尽全力保护被打倒的领导干部免受伤害，如彭真、邓小平、杨尚昆、薄一波等，又利用毛泽东批给他要保护章士钊的信，确定了一份应予保护的名单，其中有民主党派领导人和著名人士以及国家副部长以上高级领导人。周恩来作了很多批示和指示，使许多人渡过难关1967年"二月抗争"后，党内许多高级干部受到批判、冲击，周恩来尽可能淡化处理，要求他们多做自我批评，并把握机会让他们在公众面前"亮相"，保持重新工作的形象。周恩来保护一大批老干部，减少了政治上的损失，老干部成为"文化大革命"中、后期与林彪、江青两个集团抗衡并最终战胜他们的中坚力量。

"九·一三"事件后，周恩来抓住有利时机，采取各种措施对国民经济进行调整。首先着重解决"三个突破"问题，即1971年全国职工人数突破5000万人，工资总额突破3000亿元，粮食销售突破800亿斤。根据周恩来的一系列指示，抓经济整顿工作，调整比例关系，严格控制基建规模，紧缩通货，控制货币投放等工作都取得了明显成效。1973年国民经济计划主要指标都完成或超额完成，财政收支平衡。这一年成了"文化大革命"以来国民经济形势最好的一年，也为以后的治理整顿打下了良好的基础。周恩来在经济调整中，还以战略家的眼光，打开对外合作的大门。1972年根据周恩来、李先念的指示拟定的用43亿美元在三五年内引进一批国外先进的化肥、化纤技术设备的方案，在排除了"四人帮"的干扰，经毛泽东、周恩来审批后于1973年初执行。这是新中国的第二批大规模的引进，提高了我国工业的技术含量，增强了经济发展的后劲，推进了工业的现代化。

三、努力清除"左"的影响

周恩来在1967年就反对过极左思潮；1968年又提出，"极左思潮一定要批判"；1970年6月他指出，"防保守、排极左，仍是当前主要任务"；1971年上半年更是反复强调批判极左的重要性。并在实际工作中努力纠正"文化大革命"的许多极端做法，努力减少"左"的错误造成的损失。林彪事件后，周恩来在毛泽东的支持下，又一次主持中央日常工作。他代表党内健康力量，高举批判极左的大旗，与"四人帮"进行不懈的斗争，并使其"文化大革命"以来致力于发展生产、保护干部的一贯努力，逐步转变为党的具体政策，在实际工作中生效。这一努力主要表现在四个方面：一是花大力气平反部分冤假错案，解放一批领导干部；二是整顿企业，扭转国民经济下滑的局面；三是恢复文教科技部门的正常工作；四是迅速打开对外工作局面，改善对外关系。

周恩来纠"左"努力中最具深远意义的是通过落实党的干部政策，设法让在"文化大革命"中被打倒的一批老干部重新出来为党和国家工作。这一事实本身也是对"文化大革命"理论和实践的有力否定。周恩来妥善处理"九·一三"事件后，向毛泽东力荐叶剑英负责军委日常工作。这就为军队掌握在党内健康力量手中走出了决定性的一步，避免了江青等人插手军队的祸害。对于解放老干部，周恩来曾作过这样的解释："落实干部政策，上头的'解放'了，政策就明确了；'榜样'有了，下边就会跟着落实。难度大的，先从容易的入手；容易的解决了，难的也容易了。"在周恩来的努力下，"文化大革命"中屡遭批判的朱德、陈云、李富春、徐向前、聂荣臻、乌兰夫、谭震林、李井泉、王稼祥、廖承志等一批老同志，或在一些公开场合频频露面，或被解除长年的监护，得以住院治疗，由此带动中央和地方党政军部门的一大批高中级干部先后复出、复职。特别是促成邓小平的复出，不仅在很大程度上推翻了党内存在一个"刘少奇、邓小平为首的资产阶级司令部"的说法，事实上否定了由此制定的有关决议及其"左"的做法，更重要的是它促使更多的老同志获得解放，恢复工作，并削弱帮派势力，使党内健康力量不断发展，为以后粉碎"四人帮"积蓄了中坚力量。

周恩来在其纠"左"努力受挫，并一度受到批判、攻击的情况下，并没有因为时日不多而退缩。他带着病弱之躯，在医院里与邓小平、叶剑英、李先念、陈云等老一辈革命家筹划着党和国家的未来。最主要的有两点：一是重申中国现代化的宏伟计划，筹备并主持四届人大。在取得毛泽东的支持下挫败了"四人帮"的组阁阴谋，确定了以他和邓小平为核心的国务院领导班子。这也为以后粉碎"四人帮"奠定了组织基础。二是支持邓小平的"全面整顿"，贯彻四届人大提出的"四个现代化"计划，他毫无保留地、全力支持邓小平。

四、为"文革"后的中国铺路

周恩来在"文革"期间还有一个重要的贡献就是培养了

邓小平。周恩来可以说一直都是个理性识时务的人。他自始至终都对中国的大局非常清楚,包括选择自己的接班人也作出了明智的决定。他看中邓小平的才华,并清楚的明白邓小平是带领中国走出"文革"阴影踏上正轨的最佳人选。周恩来非常欣赏和看重邓小平的才干,并评价其工作方法是"举重若轻"。"文革"初期邓小平受到打压,周恩来做了许多工作来保护他,后来又亲自安排邓小平一家回京。邓小平的复出离不开周恩来的支持。甚至在最后一次手术之前还紧握着邓小平的手说:"你这一年干得很好,比我强得多!"1975年9月7日,病情已经十分严重的周恩来不顾医护人员的在再三劝阻,坚持会见罗马尼亚党政代表团全体成员。他满怀信心地说:"我现在病中,已经不能再工作了,邓小平同志将接替我在国务院的工作。邓小平同志很有才能,你们完全可以放心,邓小平同志将会继续执行中国党和政府的内外方针。"而历史证明,周恩来的选择是正确的。邓小平带领中国迅速走出了文革阴影,改革开放,加入世贸,使中国经济腾飞。又以强硬的态度使香港澳门回归,增强了民族荣誉感,真正让中国走上了富强之路。就这一点周恩来是成功的,他把自己未能改变的局面、留下的遗憾托付给邓小平去完成。如果没有他这一正确选择,也不会有中国在"文革"后的迅速发展。可以说,"文革"后的中国发展道路,一定程度上也是周恩来铺垫的。

第二节　做出巨大贡献的深层原因

周恩来在"文化大革命"时期对党和国家的辛苦付出与独特贡献举世公认,他之所以能做出别人做不出的贡献是有深刻的多方面原因的。

一、深厚的群众基础是根本原因

十一届六中全会通过的《关于建国以来党的若干历史问题的决议》指出:"党和人民在'文化大革命'中同'左'倾错误和林彪、江青反革命集团的斗争是艰难曲折的,是一直没有停止的。"从大的方面来说,有"文化大革命"初《二月提纲》的拟定、派工作组问题、工交座谈会,以及1967年的"二月抗争"、1972年的批极"左"、1975年的全面整顿,直至最后的"四五运动"和粉碎"四人帮"都充分说明了这一点。正是因为这种斗争,才使"文化大革命"的破坏受到一定程度的限制;国民经济虽然遭到巨大损失,但仍然取得一定的进展;

党尽管遭到林彪、江青两个反革命集团的破坏，但最终战胜了他们。周恩来正是在这样的基础上发挥了中流砥柱、力挽狂澜的作用，成为以老一辈革命家为中心的党内健康力量的杰出代表。随着运动的发展，越来越多的人认识到"文化大革命"的错误，大大提高了人们的政治觉悟和识别能力，人们与"左"倾错误的斗争也越来越激烈。周恩来本人在"文化大革命"中与"左"倾错误的斗争也基本上是这样发展过来的。从最初对"文化大革命"的不理解，但尽力不让运动干扰党和国家机器的正常运转，把运动纳入正常发展的轨道而力挽狂澜；到自觉地清除"左"的影响，保存党内健康力量，阻止国民经济的崩溃而殚精竭虑；以至最后以重病之躯，直接与"四人帮"斗争，为积极筹划党和国家的未来而鞠躬尽瘁。

二、高超的斗争艺术是直接原因

周恩来经过长期革命实践，有着丰富的政治斗争经验和艺术，而且在长期的革命生涯中与毛泽东形成了别人不可比拟的关系，这就决定了他能够在"文化大革命"中运用娴熟的斗争艺术，顶天立地，在那么困难复杂的环境中如履薄冰地运用毛泽东的威望以及党和人民赋予的权力，尽其所能地减少"文化大革命"造成的损失。周恩来讲究斗争策略，从斗争的实际效果出发，以清醒和理智的态度，牢牢掌握斗争的分寸和火候，表现了他的坚定的斗争精神与灵活的策略运用高度结合的才能，以及炉火纯青的斗争艺术。在当时极端复杂的历史条件下，周恩来特别注重斗争策略，采取了迂回、渐进、韧性的斗争方法；坚持在重大原则上绝不退让的前提下，作若干必要的妥协和让步；在自己的正确主张被否定以后，采取迂回曲折的方式继续自己的努力；以沉默表示自己的抗争，在忍辱负重的回旋中，等待历史的转机。周恩来这样做的目的只有一个，就是一切从党、国家和人民的利益出发，遏制动乱，稳定局势，减少危害。事实上，他所采取的策略和方式，基本上达到了这一目的。

三、高尚的个人品德是内在原因

周恩来是一个既受过中国传统文化教育，又受过西方文明熏陶，用现代先进思想武装起来的伟大马克思主义者。在他的身上体现了中华民族优秀传统文化和共产主义世界观的完美结合。他的高尚个人品德在"文化大革命"中得到了充分的表现，产生了巨大的感召力。作为无产阶级革命家的周恩来，具有温和、谦逊、平静、忍让的个性，但他温柔而不失原则意志。他的思想感情无不反映先进阶级的愿望、体现人民的呼声、把握时代的脉搏。他对党、国家和人民的无限忠诚，以及极端负责的态度支配了他在整个"文化大革命"中的行为。因此，在"文化大革命"中，他没有拂袖而去或直接抗争，而是把自己的进退与国家的安危、党和人民的需要以及自己的责任联系起来，选择了一条痛苦而艰难的道路，尽管他受到各种明里暗里的攻击、诬陷、围攻，举步维艰，却仍像一条忍辱负重的老黄牛为中国人民奉献自己的全部智慧、心血和生命，真正实践全心全意为人民服务的宗旨。他在面对党和国家的事业遭到挫折，个人名誉有可能受损的情况下，以"入地狱、下苦海"牺牲自己的精神，顶住恶浪，勇往直前地为党和人民的事业奋斗，做到了"鞠躬尽瘁，死而后已"。

四、崇高的领导地位是外在原因

周恩来在党和国家的领导地位是历史形成的，凭着自己的才干和贡献，在党和人民中享有谁也无法撼动的崇高威望。这成了他在"文化大革命"中能带领广大干部、群众减少损失的外在原因。周恩来的权力和地位是在为实现共产主义理想，为党和人民事业的发展而奋斗中自然形成的，并反过来用在党和人民的事业中。正因为他把自己的权力和地位看成能更好地为人民服务的条件，并努力在实践中贯彻落实，因此也就赢得了干部和群众的信任和爱戴，愿意追随左右，接受他的领导，执行他的决定。在半个世纪的革命生涯中，他经历了中国革命和建设的风风雨雨，领导了党、政、军等各个方面的工作，有着十分丰富的经历和崇高的威望。在"文化大革命"中，周恩来一直处在最高领导层里，毛泽东虽然对周恩来有这样或那样的看法，但从未失去对周恩来的信任，几十年来，周恩来始终都是毛泽东的最得力助手。正因如此，周恩来才有可能在"文化大革命"中发挥作用，对党和国家做出巨大的贡献。